「ユースケース」を使えば、
悩まず、ムダなく、
すばやく推進できる

A successful
digitalization
strategy

成功する「デジタル化」戦略

株式会社日立コンサルティング
島田洋二＋佐藤隆夫 編著

ダイヤモンド社

はじめに

加速度的に進化・発展するデジタル技術

日本と世界の企業を取り巻く事業環境は劇的、かつ断続的に変化し、その変化の速度と大きさは、これまでにないものになってきている。

企業活動の観点では、オープンイノベーションの進展や従来と異なる新技術の登場・革新により、ビジネスモデルは加速度的に変化している。時間や場所の概念を越えて、サイバー上で企業間がつながることもそのひとつの例だ。そのなかで川上から川下への垂直統合、ライバル企業との水平統合のみならず、「ビジネスエコシステム」というキーワードに代表されるような、既存の業種・業界の枠組みを越えたダイナミックな変化が起こり始めている。

世界中の企業は、このダイナミックな変化に身を置き、新しく台頭するサービサーと新たな市場原理のなかで競争していかなければならず、絶え間ない変革が求められている。

１９６０年代に、社内の事務的作業や財務処理の集計業務などから始まった日本の情報技術（ＩＴ）は、１９９０年代になるとインターネットの普及により企業間の情報交換を含め、一般的な業務で多くの利用者が活用するようになってきた。

２０００年代には、利用場所を選ばない携帯電話・スマートフォン、タブレット端末を活用できるモバイル技術が進化し、それらは企業活動に欠かせない事業基盤となった。

昨今は、ＩｏＴ（モノのインターネット）、ＡＩ（人工知能）などに代表されるデジタル技術の発展・実用化が日々進んできている。企業はビジネス上のあらゆる情報をデジタル化し、「収集」「蓄積」「分析」「活用」のサイクルを回すことで、新しいビジネスモデルの創出、より高い経営効果の獲得に取り組まなくては、厳しさを増す競争環境では勝ち残れない状況に置かれている。デジタル化戦略、デジタル化による企業変革の推進は、競争優位の獲得に不可欠なものになっている。

デジタル技術を活用した企業改革の現状

ここ数年、「デジタル化」というキーワードが多くの企業から注目を集め、その活用・導入に向けた取り組みが始まっている。その代表的な例としてのＩｏＴやＡＩの活用は、大手企業を中心とした一部の企業だけでなく、あらゆる業種・業態、規模の企業に浸透し、一般的なものになってきた。

一方で、企業の経営者やデジタル化を担う部門の担当者と話をすると、「デジタル技術をどのようにビジネスに活用すればよいかわからない」といった悩みを聞くことは少なくない。米国主導で広がるインダストリアル・インターネット、ドイツがリードするインダストリー4・0などのコンセプト、「デジタル化」という言葉からイメージされる「革新的な未来像」と、企業の現場でのこれまでの取り組みとの間にギャップが大きいと感じていることが、その要因のひとつではないだろうか。

「デジタル化時代」においては、こうしたギャップを認識したうえで、改革を効果的・効率的に進めていくためのアプローチの整備・普及が重要になっている。

「デジタル化」戦略と本書のコンセプト

現在の情報技術（IT）、センシング技術、AIなどのアナリティクス技術、制御・自動化技術などは、ビジネスに関わるあらゆる情報を電子化し、積極的に利活用することで、企業の競争力強化を推し進めている。デジタル化戦略は、このような革新を自社のビジネスに取り込むための技術戦略、商品・サービス戦略、人材（組織）戦略であり、統合的な経営戦略となる。

デジタル化の推進は、市場での競争上、避けては通れない取り組みとして、多くの企業で理解されつつある。しかし、取り組み範囲の多様さから企業全体の戦略として統合化することが難しく、実行に躊躇したり、逆に部門ごとに活動テーマが乱立していたりするなど、デジタル化の推進に迷う企業が多い。

本書は、私たちのクライアントである製造業、物流・サービス業の領域を対象に、日立グループや一般企業での事例をベースに、ムダなくデジタル化戦略に着手していくための現実的な手法として、先進企業の成功事例「ユースケース」ベースの改革を紹介する。

本書の構成

まず第1章では、デジタル化とは何か、「デジタル化」戦略の推進で企業が目指す期待効果は何かを紹介する。そのうえで、デジタル化の実現を阻害する要因を示し、推進のために理解しておくべきポイントを整理し、本書のコンセプトである現実的なデジタル化の導入方法として、「ユースケース」ベースの改革を紹介する。

第2章〜第5章は、「ユースケース」ベースの改革の具体例を紹介する。第2章では、その改革手法の概要を示し、第3章〜第5章で、「工場・物流におけるデジタル化」「アフターサービス改革」「RPA（ロボティック・プロセス・オートメーション）を活用した業務改革」を対象に、具体的なユースケースを示しながら、導入方法を説明する。

第6章～第7章は、デジタル化の推進にあたり、共通の課題とその対策を紹介する。第6章は、アナリティクス・AI技術の導入プロセスとして陥りがちな隘路《あいろ》と、それを避ける実施手順を紹介する。第7章は、デジタル化の推進で求められる各部門の役割の見直しとデジタル化推進組織の必要性を紹介し、そのなかで役割の再構築が求められるIT部門を対象に、デジタル化に対応するITガバナンス整備とIT人材育成の観点についてもまとめている。

ここまでの章は企業内の改革について語ってきたが、第8章～第9章は、外部との協創への取り組みとして、外部顧客向けのデジタルソリューションの創造（第8章）と企業の枠を越えたサプライチェーン／バリューチェーンの改革の可能性（第9章）を紹介する。現時点でこの領域を実現できている企業はないが、企業内でのデジタル化の先には、このような企業の枠を越えた取り組みが進み、社会全体のイノベーションが促進される時代が来ると考えている。新しい社会の可能性を紹介して、本書のまとめとする。

成功する「デジタル化」戦略

「ユースケース」を使えば、悩まず、ムダなく、すばやく推進できる

目次

第3章　工場、物流拠点でのデジタル化の取り組み　63

第4章　デジタル化によるアフターサービス改革　85

第7章 デジタル化に向けたITガバナンスと人材育成 169

第8章 顧客課題にフォーカスしたデジタルソリューション 209

第9章 デジタル時代のバリューチェーン実現に向けて　231

第1章

「デジタル化」戦略で何を目指し、何に挑戦するのか

1-1

強靱な企業をつくるために必要な「デジタル化」戦略の意義とは？

「デジタル化」戦略の背景

ビッグデータ、ＩｏＴ、ＡＩ、そして「デジタル化」と目まぐるしくビジネスのキーワードは移り変わってきた。これは、多様な領域の技術革新のなかで不可逆的にビジネスのトレンドが変化しているからだ。ビッグデータがブームになった２０１０年ごろには、金融業界ではシステムトレーディングが金融マーケットに大きな影響を与え始め、ネットサービスでは顧客分析の成果が喧伝されるようになった。その反面、具体的な成果を出せるまでデータ量の蓄積が進んだビジネス領域はまだ多くはなかった。

私たちのコンサルティングサービスのクライアントであり、本書が対象としている製造業や物流・サービス業では、２０１５～16年ごろから普及し始めたＩｏＴ技術によって、モノづくりの現場のデータを収集する仕組みが実用化されるようになった。そして、それと同時並行で蓄積されたデータを活用するため、ＡＩなどのアナリティクス技術の利用が加速し、ビジネスへの多様なデータの利活用が本格化してきた。

しかし、この数年間はＰｏＣ[1]（プルーフ・オブ・コンセプト：概念実証）などの技術面中心の実験的な取り組みが先行し、実用化に漕ぎ着けている事例はまだ多くない。そのため、テクノロジーに重点を置いた活動ではなく、ビジネス革新につなげるための総合的な「デジタル化」戦略に取り組む企業が増えてきている。

本書のテーマは、「デジタル化」戦略の成果を早期に実現するための推進施策として、「ユースケース」ベースの「デジタル化」戦略の推進を提言している。詳しく提言内容に入る前に、まず「デジタル化」とは何か、その意義は何かを整理したい。

「デジタル化」とは何か？

「デジタル化」をテクノロジー面から表現すると【図1-1】のようになる。

多様なデータをデジタル化して「収集」するために、多様な現場データを取り込むセンサー・センシング技術や既存システムのデータを取得するためのデータ連携技術が利用される。収集されたデータは、バラバラでは利用できないため、それぞれのデータ間の関連づけを行なって「蓄積」する。そのためには、Ｍ２Ｍ[2]（マシン・トゥ・マシン）、データレイク[3]などのデータ変換・管理技術やクラウドサービスが必要になってくる。

蓄積されたデータは、ＡＩ・機械学習などのアナリティクス技術やＲＰＡを活用して「分

図 1-1　デジタル化によるデータ活用サイクル

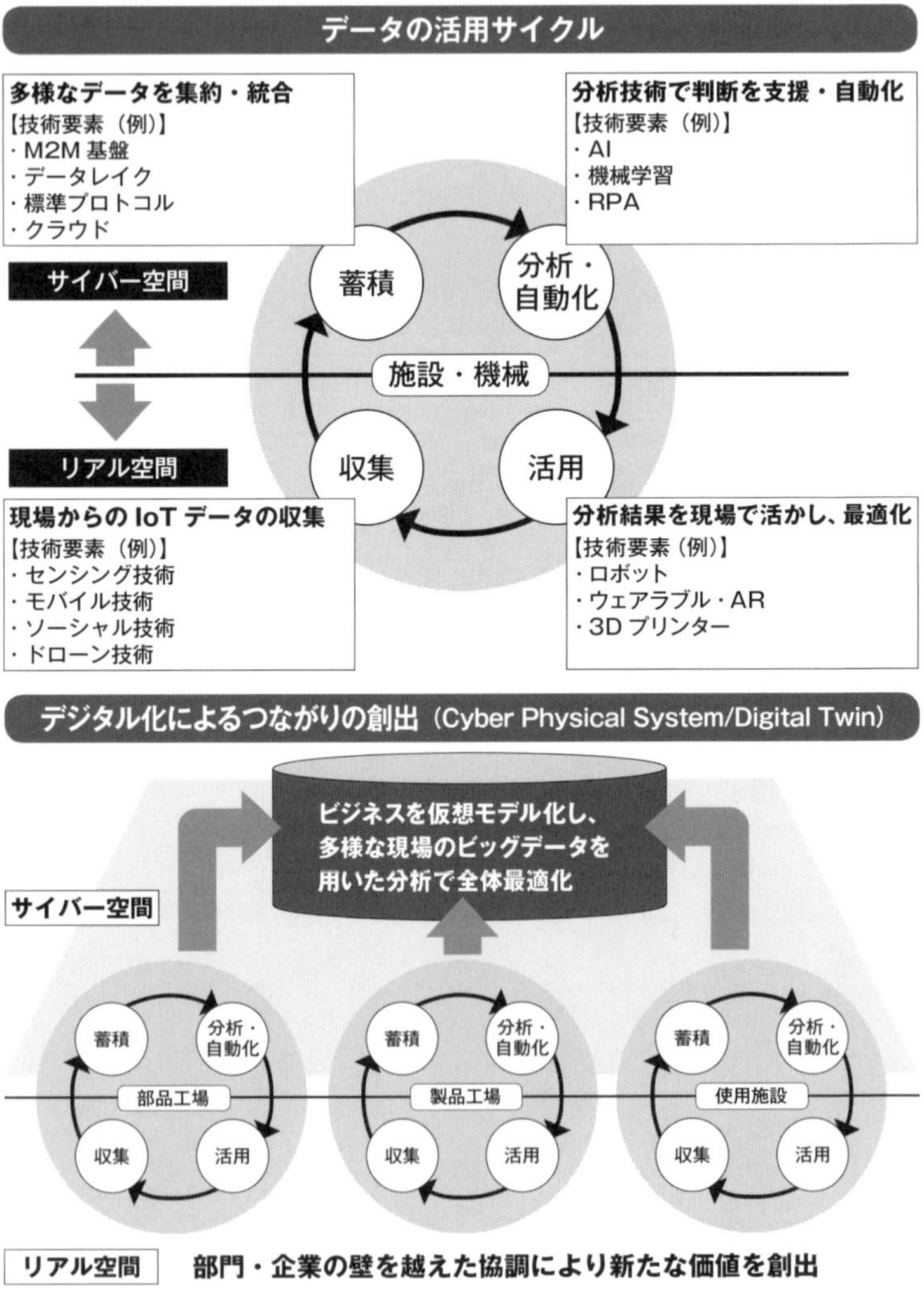

※上図は、生産財製品の製造から利用までの企業間のつながりを例に記載

析・自動化」し、その結果を再び現場にフィードバックする。それを「活用」するために、最近ではロボット、３Ｄプリンター、ウェアラブル・ＡＲ（現実拡張）技術などが実用化しつつある。

また、リアル空間のデータをデジタル化し、サイバー空間上でモデル化してシミュレートする仕組みは「サイバー・フィジカル・システム」[4]や「デジタルツイン」[5]と呼ばれる。これをＡＩなどの技術と組み合わせることで、人間の能力を超えた分析や判断（アドバイス）を提供することが可能になる。

さらに、サイバー空間上では、簡単にデータの連携・交換が可能なため、これまでは多大な調整負荷がかかっていた拠点間・企業間をまたがる全体最適化も自動化できる可能性がある。このようなデータ活用のサイクルの要所要所に最新技術が活用されるため、しっかりとビジネス変革の目標を定めないと、企業の「デジタル化」の取り組みは技術検証に偏りがちになる。

経営価値の観点から見た「デジタル化」戦略の期待効果

技術革新を活用する「デジタル化」戦略の意義を経営価値の観点から見ると、その最大の効用は、多様なファクトデータに基づく意思決定の質とスピードの向上になる。企業内のさまざまな局面で下される意思決定を改善することは、顧客価値の向上、業務の効率化などにつながる。

日本企業は、現場への権限委譲と意欲の高い社員の創意に支えられ、効率的な組織をつくってきた歴史がある。しかしこのことは、質もスピードもバラバラな属人的な意思決定に頼っていたことにほかならないことを意味する。ひとつの部署・拠点であれば個人の経験や工夫によって効率的な判断を下すことができるが、部署・拠点をまたぐ意思決定になると、部署・拠点の個別最適で下された判断の間にコンフリクトが生じて調整に時間を要し、組織全体の意思決定が遅くなることにつながる。これが戦略的な意思決定が遅いという日本企業の弱点になっている。

また、別の観点の課題として高齢化も見過ごせない。依然、多くの現場ではさまざまな判断をベテランの個人的なスキルに頼っている。しかし、後継者が不足するなかで、属人的なスキルに頼らない現場での意思決定の仕組みづくりが期待されている。

企業における意思決定は【図1-2】に示すように、経営レベルから現場レベルまで多様な階層で実施されており、それぞれにデジタル化による意思決定への支援を期待することができる。

「戦略検討・決定」においては、経営レベルの意思決定者であるトップマネジメントに向

図 1-2　意思決定業務の類型

意思決定業務の類型		対象業務（例）	導入の容易さ	期待効果
戦略検討・決定（経営幹部層）	戦略オプションの洗い出しと、その比較評価による決定	・全社経営戦略 ・事業戦略		
企業間連携（調整）	企業間取引・協業に関する意思決定	・企業間 SCM 最適化 ・市場でのマッチング	導入 困難	期待効果 大
社内部門間連携（調整）	社内の部門を跨ぐ全体最適化のための調整・意思決定	・企業内 SCM 最適化 ・設計ー製造連携 ・品質トレーサビリティ		
部門内計画・管理	部門内での業務計画立案、実行段階での適宜調整による判断	・1 工場内の生産計画 ・設備保全計画 ・研究 / 商品開発計画	導入 容易	期待効果 小
現場実務での判断	現場の実務担当者による業務ルール内での逐次判断	・製品検査 ・顧客問い合わせ回答 ・設備の点検・修理		

けて、デジタル化によって多様なファクトデータの分析結果を提示し、戦略オプションの想定候補と、それぞれのオプションの長所・短所や機会・脅威を体系的に情報提供することが可能になる。経営・事業の戦略が高度化するなかで、大きな成果が期待できる領域だが、経営者個人の考えやビジネス環境の変化により提供すべき情報や分析観点が異なるので、定常的に使える仕組みをつくることは難しい。それゆえに、随時更新していく必要がある。

デジタル化を早期に導入できて効果が出やすいのは、「現場実務での判断」への支援で、現場レベルでの各担当者の判断業務をオートメーション化していく領域である。現場のセンサーにＡＩを組み込むエッジコンピューティング[6]も進歩しており、多機能化するセンサーと映像・音声解析技術を組み合わせることで、人間が担当していた検査業務を自動化・高速化する事例が増えているほか、ＡＩと連携したチャットボット[7]による顧客からの問い合わせへの回答の自動化も実用化されている。また、現場のセンサー情報と蓄積されたナレッジをＡＩで連携させ、機器の修理などの作業をガイドする機能も検討が進んでいる。

　こうした事例は、デジタル化の導入の好例といえる。しかし、現場レベルの改善はこれまでも取り組まれていることが多く、今後、さらに大きな成果が出る改善対象は決して多くないのも現実である。一方で、現場の高齢化、後継者不足の有効な対策として期待されている。

　デジタル化による大きな改革効果が期待できるのは、「部門内計画・管理」「社内部門間連携（調整）」「企業間連携（調整）」など、ミドルマネジメントの意思決定のスピードと質の改善だ。

「部門内計画・管理」は担当する人員も多く、各担当者個人の素養に大きく影響される。意思決定への支援や自動化により、少数の判断能力に優れた人材に頼らず、大多数の一般レベルのスキルの人材の底上げを図ることが可能になる。これは若手の早期戦力化にも寄与し、高齢化対策としても効果的だ。

「社内部門間連携（調整）」「企業間連携（調整）」は、変化のスピードが速くなっている近年のビジネス環境下では重要な課題になっている。組織の意思決定がデジタル化されれば、部署・拠点間のコンフリクトの調整を企業全体の優先順位に基づいて最適化でき、より速く合理的な意思決定ができるようになる。

また、ビジネス環境に変化が起きた場合に、企業内の組織間や連携する企業間でも属人的な調整の範囲を限定して、判断をデジタル化によって自動化できる範囲を広げることで、新しい環境に合わせた合意の再形成を迅速に進めることができ、環境の変化への強靱な対応力を持てるようになる。

「デジタル化」戦略による経営価値の期待効果は、まとめると以下のようになる。

《「デジタル化」戦略による経営価値の期待効果》

- **企業の戦略策定、それを実現するオペレーションレベルの判断の両面で、意思決定の迅速化と質の向上ができる**
- **環境変化があっても柔軟に新たな全体最適化が図れて、変化に強い強靭な企業体質をつくることができる**

・高齢化が進み、人材不足になっている職場で経験不足を補い、業務の底上げを実現できる

1-2

デジタル化を円滑に推進するために理解しておくべき4つのポイント

デジタル化が行き詰まらないためのポイント

「デジタル化」戦略の推進が行き詰まる原因はさまざまだが、多くの企業に共通に見られる事象から、行き詰まりを防ぐには、次の4つのポイントが重要と考えている。

ポイント① 「デジタル化」戦略の目標設定と取り組みテーマの具体化

ＰｏＣを実施し、技術検証までは完了しても、本格導入にまでたどり着かない事案も珍しくない。デジタル化への取り組みは簡単ではないが、難点を挙げてばかりいたらスタートできない。しかし、初めの段階で変革の目標・期待効果の議論を尽さず、ゴール設定を曖昧にしたままでＰｏＣなどに着手しても、技術的に実現性はあっても投資対効果が出せなくなりがちだ。そうならないためにも、期待効果を初めに確認し、「何を変革するのか」を取り組みテーマとして具体的に設定することは非常に重要になってくる。

ポイント② アナリティクス技術の現実的な活用

アナリティクス技術に過度の期待を抱いているケースも多い。分析結果の精度に完璧さを期待していると、実証段階で技術の限界が見えてしまい、その段階で推進のモチベーションを失ってしまう場合がある。最新技術とはいえ、できることには限界がある。そのことを理解したうえで「現実的に活用する」という心構えも必要だ。

ポイント③ デジタル化でつなげる連携範囲の見極め

デジタル化は、「つながり・連携」によって、より大きな価値を生み出す。しかし、活動を立ち上げる際に、ステークホルダーの調整が難しいなどの事情で改革を縦割りで進め、効果を生み出すために必要な規模感を確保できない場合もある。期待効果を実現するためには、最小限必要な連携先との調整が必須になってくる。

ポイント④ デジタル化の阻害要因「導入の壁」の把握

「デジタル化」戦略の実現には、導入を阻害するさまざまな壁が存在する。この「導入の壁」については後述するが、どのような壁があるかを当初から把握しておかないと、「できること」だけに手をつけ、必要な改革が捨て置かれたままになってしまう場合も見受けらる。必要な対策が五月雨式《さみだれ》に発覚していくと、改革の推進力が落ちてしまう。あらかじめ予測し得る阻害要因を把握しておくことは大切だ。

以降で、ここに挙げた4つのポイントについて整理していく。

【ポイント①】デジタル化戦略の目標設定と取り組みテーマの具体化

これまでも環境変化のなかでビジネスの変革を実施してきた日本企業だが、達成目標や期待効果などゴール設定もないままにデジタル化戦略を推進しているケースが多い。意外に思うかもしれないが、これはデジタル化がテクノロジードリブン（技術主導型）で推進されてきていることが原因だ。

デジタル化が企業の競争戦略面で避けては通れない変革であることは認識されてきており、デジタル化の推進部署や担当を設置する企業も増えている。しかし、「デジタル化はスピードが速い」という意識が推進担当者にとって必要以上のプレッシャーになっている。早く成果を出すことを求められるがゆえに、本質的な目的の達成よりも、テクノロジーの導入・評価や既存のデータの活用など、目に見えやすく、結果が出やすい取り組みを優先してしまうことは珍しくはない。

【図1-3】に、製造業を事例にデジタル化への取り組みを期待効果の観点でまとめている。

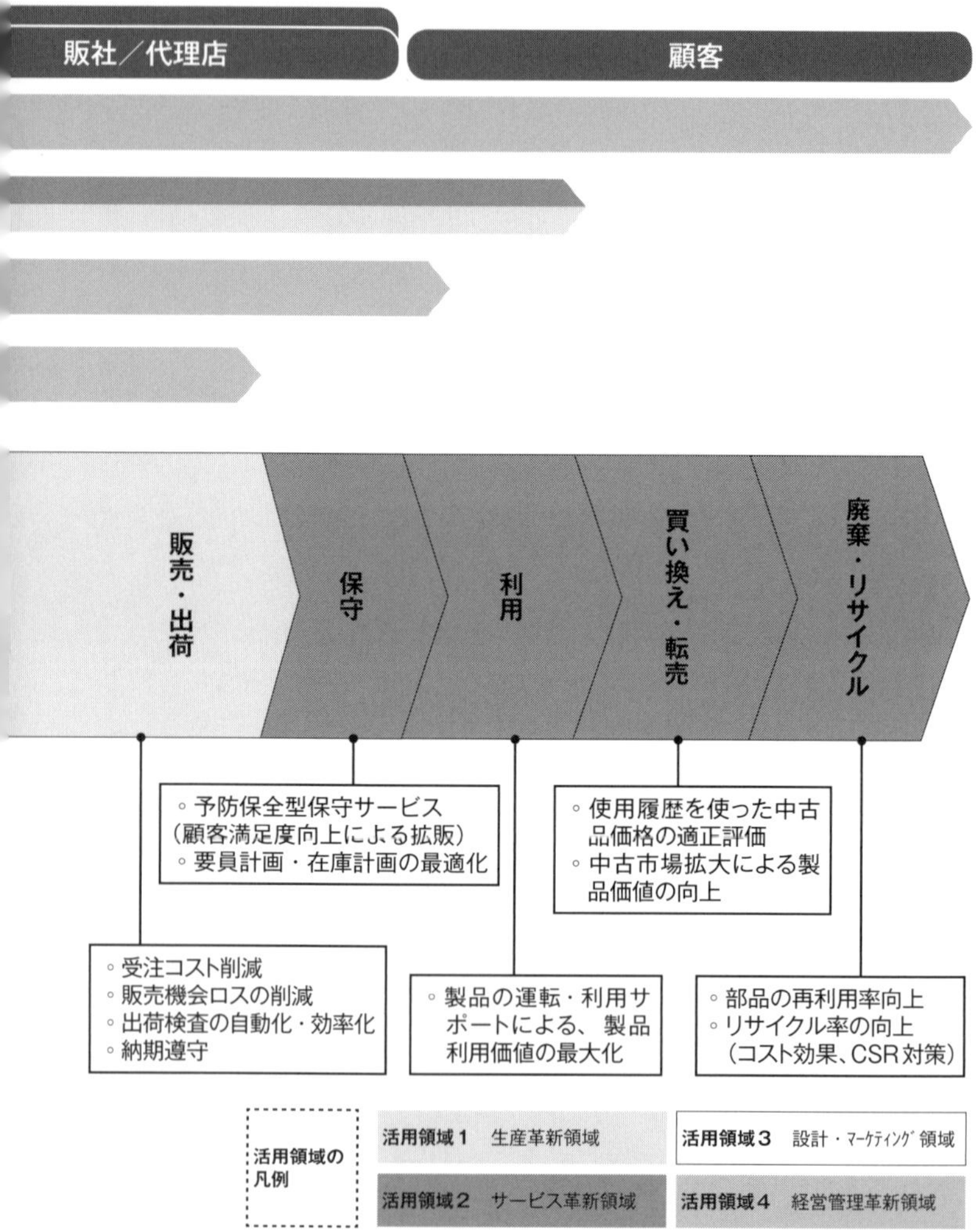
販社／代理店
顧客
販売・出荷
保守
利用
買い換え・転売
廃棄・リサイクル
◦予防保全型保守サービス（顧客満足度向上による拡販）
◦要員計画・在庫計画の最適化
◦使用履歴を使った中古品価格の適正評価
◦中古市場拡大による製品価値の向上
◦受注コスト削減
◦販売機会ロスの削減
◦出荷検査の自動化・効率化
◦納期遵守
◦製品の運転・利用サポートによる、製品利用価値の最大化
◦部品の再利用率向上
◦リサイクル率の向上（コスト効果、CSR対策）
活用領域の凡例
活用領域1　生産革新領域
活用領域2　サービス革新領域
活用領域3　設計・マーケティング領域
活用領域4　経営管理革新領域

図 1-3　製造業におけるデジタル化の活用領域と期待効果

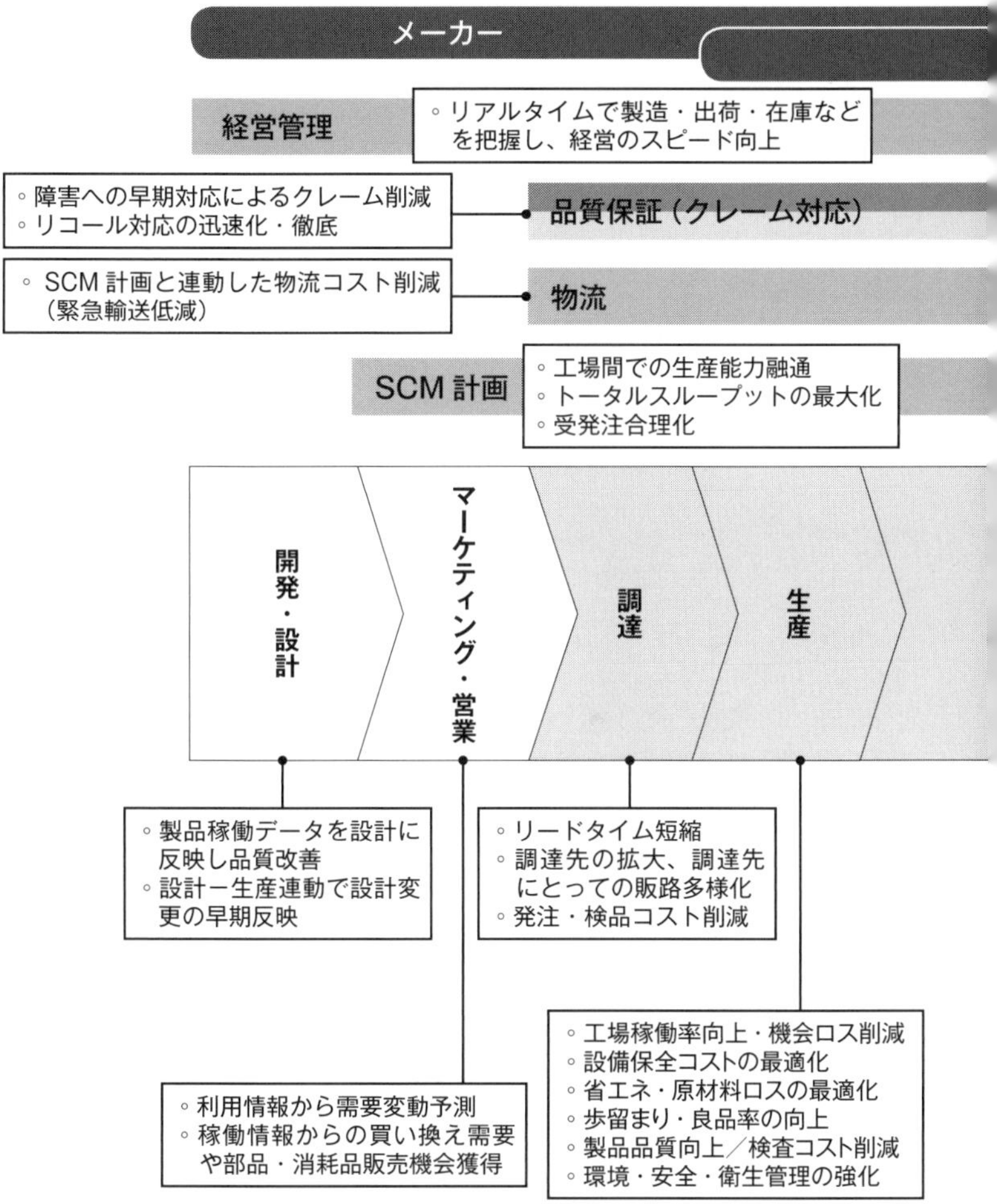
メーカー
経営管理
◦リアルタイムで製造・出荷・在庫などを把握し、経営のスピード向上
◦障害への早期対応によるクレーム削減
◦リコール対応の迅速化・徹底
品質保証（クレーム対応）
◦ SCM 計画と連動した物流コスト削減（緊急輸送低減）
物流
SCM 計画
◦工場間での生産能力融通
◦トータルスループットの最大化
◦受発注合理化
開発・設計
マーケティング・営業
調達
生産
◦製品稼働データを設計に反映し品質改善
◦設計ー生産連動で設計変更の早期反映
◦リードタイム短縮
◦調達先の拡大、調達先にとっての販路多様化
◦発注・検品コスト削減
◦工場稼働率向上・機会ロス削減
◦設備保全コストの最適化
◦省エネ・原材料ロスの最適化
◦歩留まり・良品率の向上
◦製品品質向上／検査コスト削減
◦環境・安全・衛生管理の強化
◦利用情報から需要変動予測
◦稼働情報からの買い換え需要や部品・消耗品販売機会獲得

図 1-4 取り組みテーマとして必要な整理事項

項目名	説明
想定課題と目指す姿	・デジタル化戦略の推進で解決したいと考えている現状の課題（業務 / 経営レベル） ・その課題を解決するための具体的な将来像
経営効果 KPI	・デジタル化の成果を経営上の数値として測定するための KPI
ステークホルダーの期待と役割分担	・「ステークホルダー」とは取り組みテーマを実現することで影響が生じる業務に関わる拠点／部署／組織などのこと ・各ステークホルダーが持つ期待と実現に向けて必要になる役割分担
分析に必要なデータと分析の内容	・「分析の内容」とは、分析結果の利用者、利用目的、業務場面、およびそれらに応じた要件、利用する分析手法のこと ・「分析に必要なデータ」とは、上記要件を満たす分析を実行するために収集・蓄積する必要のあるデータのこと
主要なデータフロー	・データの収集～蓄積～分析～活用に至るまでのデータ種類とデータの流れ

日立グループやその他の企業での事例を一般化したものだが、期待効果はこれまで企業が求めていたものと本質的には変わっていない。企業にはそれぞれの問題点や改革の機会があり、それを目標として設定することが重要だ。新しいテクノロジーやソリューションに惑わされず、まずは自社にとって取り組む必要のあるテーマが何かを明確にして、デジタル化戦略を具体化していくことこそが現実的である。

取り組みテーマとしては一つひとつの取り組み課題と、その実行責任部署を明確にして合意形成できるレベルで整理が必要になる。【図1－4】に示すように、「想定課題と目指す姿」を示すことはもちろん、「経営効果ＫＰＩ（重要業績指標）」に合意することも重要である。ＫＰＩに基づき、企業の現状のデータより経営貢献効果のポテンシャルを定量的に評価できるため、複数の取り組みテーマの間の優先順位づけを合理的に行なうことができる。

また、ステークホルダーの洗い出しとコンフリクトの整理は、実際のデジタル化の推進活動において、関係者間の調整事項を事前に整理するうえで有効になるため、「ステークホルダーの期待と役割分担」も早い段階で必要になる。「分析に必要なデータと分析の内容」「主要なデータフロー」は、改革の推進に必要なテクノロジー要素の洗い出しに必要であり、改革の実現性を議論するために重要になってくる。

【ポイント②】アナリティクス技術の現実的な活用

そもそも、ＡＩ・機械学習などのアナリティクス技術は、現時点で人間の意思決定よりも優れた結果が出せるのだろうか。

将来、シンギュラリティ（技術的特異点）に達するほどの進歩があればそうなるかもしれないが、現在は「ＡＩのほうが人間より優れている」というシンプルな結論にはならない。製造業、物流・サービス業の領域でもさまざまな企業がアナリティクスの活用を進めているが、まだまだ能力に秀でたエンジニアや経験豊富な現場のスペシャリストの判断能力が、ＡＩ技術による結論よりも正しいことは頻繁に起きている。

一方で技術革新が進んでおり、ＡＩなどの判断結果も十分な合格点が出せる事例も増えている。優秀な人間の判断は１００点や、時には１２０点にもなることもあるが、ＡＩなどによる判断は合格点だがまだ80点程度というようなイメージだ。ただ、すべての人間が１００点を出せるわけではない。少数のトップレベルの人材には及ばなくても、成長途上の若手など一般レベルの人材の判断スキルの底上げを図るような領域では、現在のアナリティクス技術を実務に用いることができる。

アナリティクス技術を活用するにあたっては、現時点でできる分析のスコープと精度を把握し、人間の判断業務とのバランスをとることが重要になってくる。理想は人の判断に頼らないような「自動化」を実現することだが、まずは多様なファクトデータを関係づけ、意思決定者に体系的に情報提供する「見える化」から始めるのが現実的だ。そのうえで、最終判断は人が下す前提で、アナリティクスによる判断結果を推奨として提供する「実行支援」で意思決定の底上げを図っていき、「自動化」は分析による判断の精度を確認してから実現することになる。

見える化にしても人への実行支援にしても、一人ひとりの実務者が自分なりの経験と工夫で実施してきた業務を根底から変えることになる。属人的な業務ではなく、業務のプロセス・ルールを見直し、標準化していくことが重要になる。

【ポイント③】デジタル化でつなげる連携範囲の見極め

デジタル化の効果は、組織・拠点間、業務間、企業間をつなげて全体最適を実現すること、また、そのための意思決定の質・スピードの改善を図ることで大きな成果を上げることにある。

【図1-5】は、製造業の生産革新におけるデジタル化の発展段階をステージモデルとして図表化したもので、連携範囲の段階的な発展を表している。

ステージ1は、ひとつの工場（時にはひとつのライン）で閉じた改革だ。単独の拠点・部署でのデジタル化による改革は、短期的に効果を出しやすく、成功事例も多く生まれている。反面、すでに改善などの取り組みが進んでいる領域を対象にしているため、目新しさがなく、大きな効果が出づらいため、経営からは高く評価されない状況も見受けられる。

ステージ2は、成功事例を横展開し、さらに一元管理を進めることで、全体最適化を図る取り組みである。マザー工場によるチャイルド工場の一元管理などで成果を上げている。

ステージ3は、企業のサプライチェーン全体の最適化で、大きな改革成果が期待されている領域だ。

図 1-5　デジタル化活用ステージモデル（連携スコープレベル）

■ 1 拠点（工場では 1 ライン）などでトライアル的に着手し、段階を踏んで全社レベルや企業間連携に発展していくことになる
■経営視点で見ると、より高いステージでの効果が期待され、その実現が課題になる

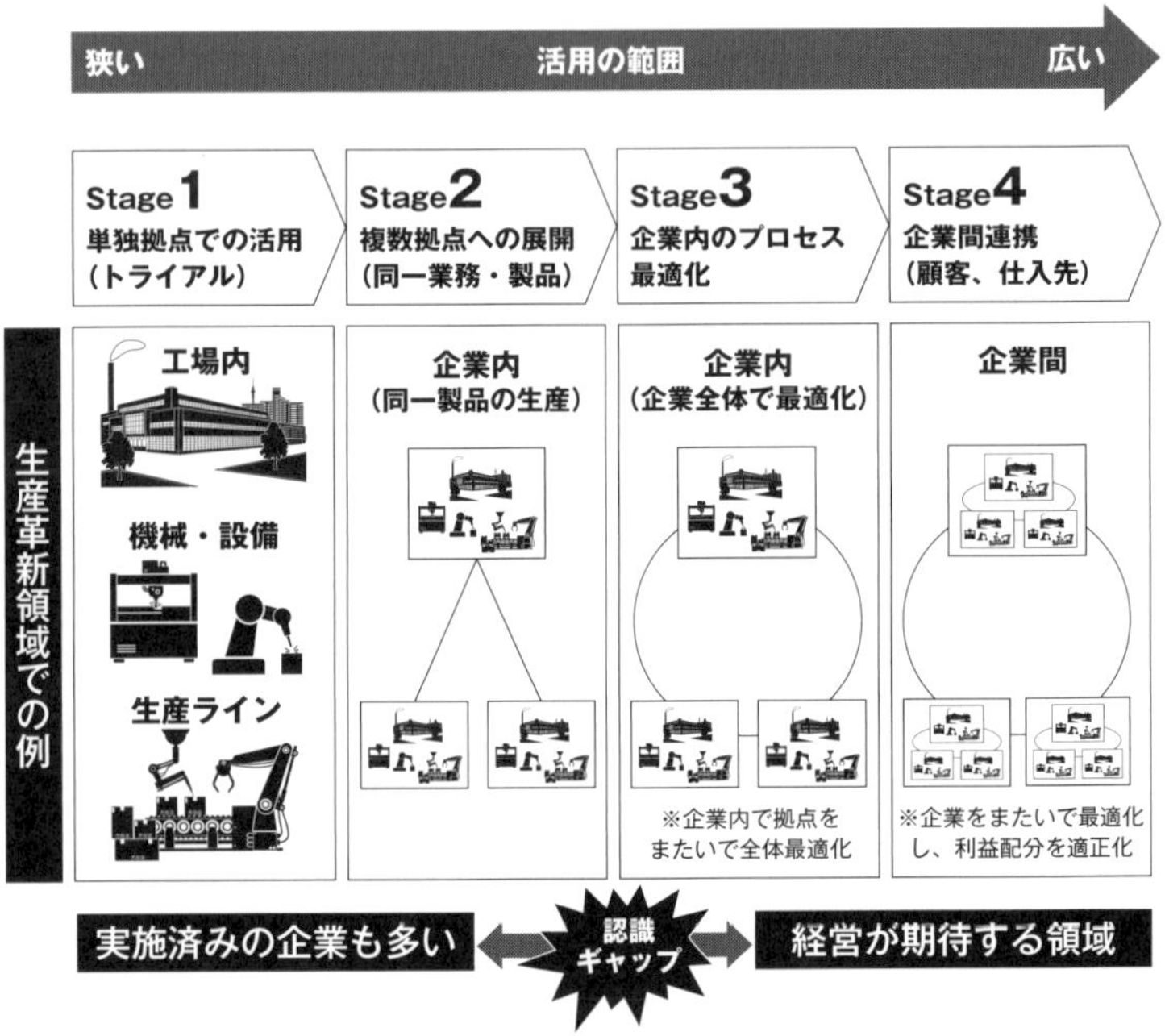

ステージ4は、さらに取引先まで含めたサプライチェーンの最適化を目指す取り組みで、インダストリー4・0などの取り組みの目標となるところである。

ステージ3以降がマネジメントとして期待する成果だが、多くの企業では道半ばというのが現実だ。

以上は製造業の製造業務を対象としたモデルだが、他業種・

業務領域でも同様だ。特定の部署・拠点に閉じた改革でも、製薬業の創薬支援、素材産業でＡＩなどを活用して新材料候補を探索するＭＩ[8]（マテリアルズ・インフォマティクス）、３Ｄ ＣＡＤによる設計シミュレーションなど、その領域だけで大きな成果を期待できる改革も存在する。しかし、多くの業務領域で改革・改善はやり尽されており、大きな経営効果を発揮するデジタル化を目指すには、幅広い部署・拠点・企業間のつながりをつくり、より大きな全体最適化を目指すことが必要になる。そのためには多様なステークホルダー間の利害調整が発生するため、全社レベル、また企業横断での全体最適化を図る調整機能を併せて整備することが必要になってくる。

「デジタル化」戦略の実行には、要求する期待効果と実施の実現性の観点で、つながりをつくる範囲を見極めておくことが重要になる。

【ポイント④】デジタル化の阻害要因「導入の壁」の把握

できることだけをするのではなく、必要な改革を抜け漏れなく実行するためには、実施すべき取り組みを洗い出しておくことが効果的だ。私たちは、企業の取り組み事例をもとに改革の実現を妨げる阻害要因を整理し、【図1‐6】に示すように6つの「導入の壁」としてまとめている。この壁の裏返しが、改革に必要となる整備事項となる。

図 1-6　デジタル化の６つの「導入の壁」

先行事例より、デジタル化の阻害要因として６つの「導入の壁」を抽出し、それを解決するための「整備事項」を整理した

① システム環境の壁 ⇒デジタル化に必要な IT の構成要素	**④ 会社・組織の壁** ⇒組織間のコンフリクトの調整
② データ定義・品質の壁 ⇒散在するデータの関係づけ・意味づけ	**⑤ 技術・スキルの壁** ⇒熟練技術者のナレッジの活用
③データ連携の壁 ⇒拠点間のデータ・コードの標準化	**⑥ 運用上の壁** ⇒業務プロセス改革と継続的改善

具体的には以下の6つが「導入の壁」になる。

①システム環境の壁
②データ定義・品質の壁
③データ連携の壁
④会社・組織の壁
⑤技術・スキルの壁
⑥運用上の壁

①～③の3つの壁はテクノロジーに関する課題だ。

「①システム環境の壁」は、デジタル化による収集～蓄積～分析～活用を実現するために必要なテクノロジー（ITや設備など）の整備に関する阻害要因である。

製造業を例としてデジタル化に必要なテクノロジーの構成要素を【図1-7】に示している。既存のシステムを活用できるものもあれば、最新技術の導入が必

図 1-7 「システム環境の壁」での検討内容例

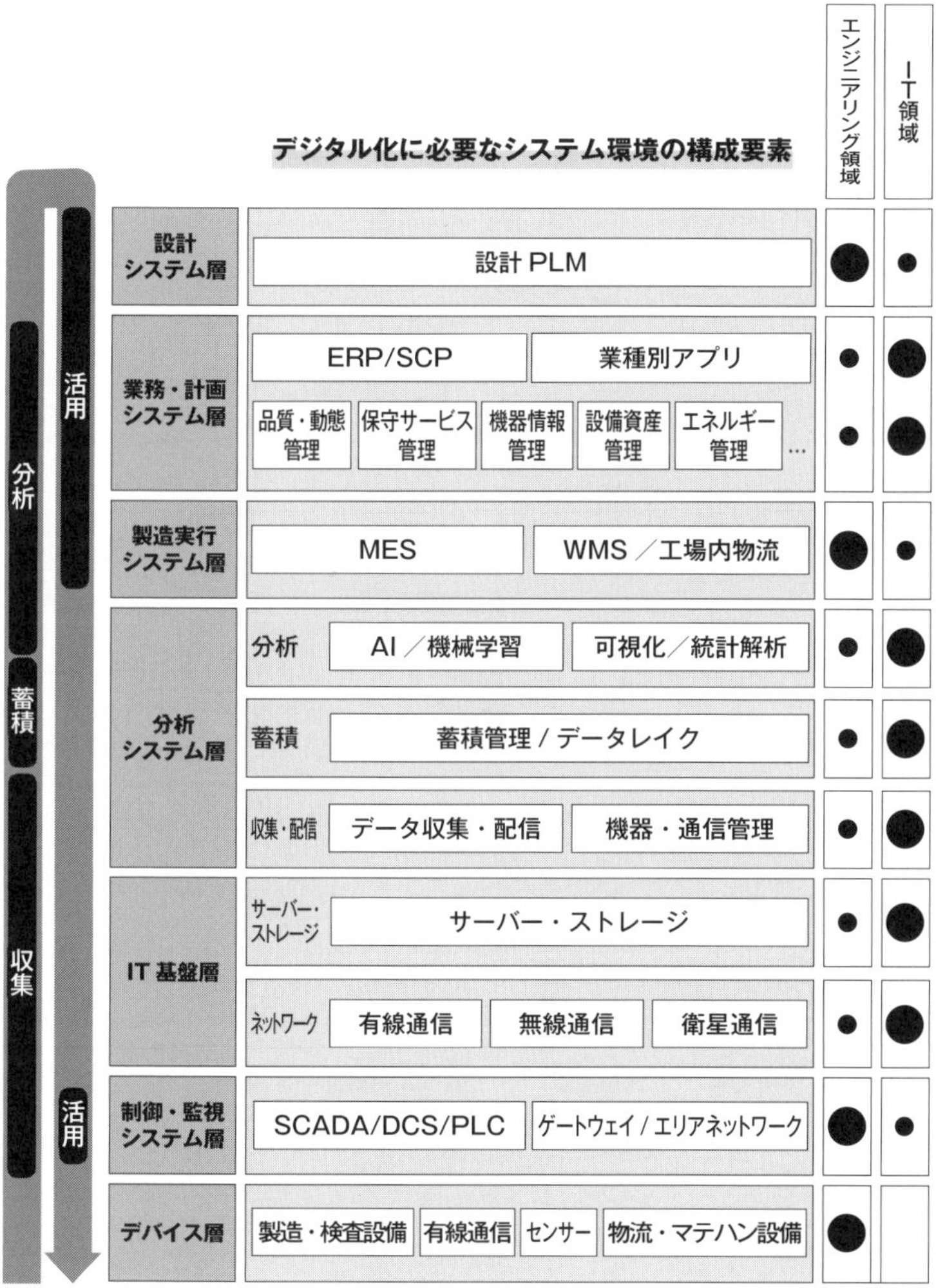

要なものもある。多くの企業ではこの壁を越える取り組みとして、テクノロジーの導入や実証に力を入れているが、このことは必要な改革の一部にすぎない。

「②データ定義・品質の壁」は、データを分析に活用するうえで出てくる阻害要因である。単に既存のデータを集めれば分析できるものではなく、バラバラに取得・保管されているデータを、粒度を揃えて相互に関係づけ、分析に必要な属性情報を付与するなどして、初めて分析に利用できるようになる。

たとえば、製造現場のデータでは、工作機械や検査機械の記録を製品個体・ロットに紐づけて補足しないとデータ分析ができないが、一般的な工場では電子的にデータが関連づけられていることは多くない。また、そもそもデータが紙でしか保管されていなかったり、コード化されずフリーテキストで登録されているなど、利用可能な形に変換するのに大きなコストがかかる場合もある。この壁を乗り越えるには、最初からデータを必要なフォーマットで収集する仕組みをつくることが必要になる。

先述のとおり、デジタル化の経営効果はさまざまなつながりをつくることで大きくなる。「③データ連携の壁」は、つながりを実現するためのテクノロジーの導入である。たとえば、日本の製造業は工場単位での独立性が高く、設備間のデータの互換性がない、システムで使うコード類も共通でないことは珍しくない。何十年と別々に管理されていた仕組みを共通化・標準化することが必要になる。

多くの企業では、デジタル化のＰｏＣも縦割りの部分最適で進めてしまっているため、「①システム環境の壁」についての実証は行なっても、「②データ定義・品質の壁」「③データ連携の壁」については必要な業務負荷やコストを前にして躊躇するケースも少なくない。

残りの３つの壁は、組織や業務・ルールに関する阻害要因である。

テクノロジー領域の阻害要因はコストをかけることで解決も可能だが、④〜⑥は多様なステークホルダー間の調整が必要になる。デジタル化戦略は、意思決定の仕組みを不連続的に変革することであり、組織や業務・ルールを見直すことなしに本格的な経営効果を出すことはできない。

「④会社・組織の壁」は、会社間・組織間のコンフリクトの調整である。属人的に個別最適で活動してきた組織間の調整、ミッションが異なる組織間の調整、会社や部門間のプロフィットやロスの適切な配分など、全体最適を実現するためには個別に調整が必要な課題は発生する。ここで１対１の個別交渉を行なってしまっては、意思決定の質・スピードの向上はできない。優先するＫＰＩの選定や配分・負担のルールを事前に設定しておくことが必要になる。

各現場のハイパフォーマーのスキル・経験をどう活かすかも課題だ。私たちは、これを「⑤

技術・スキルの壁」としている。少数のハイパフォーマーよりも多数の平均的な人たちの底上げを図ることを、長年貢献してきたハイパフォーマーが自身の価値を軽んじられていると感じることがあり、ハイパフォーマーのモラルに悪い影響を与えることもしばしばある。一方で、AIなどのアナリティクス技術の向上には、それぞれの専門領域での深い知識（ドメイン知識と呼ばれる）を持つハイパフォーマーの参画は有意義であり不可欠だ。ハイパフォーマーに「デジタル化」戦略の重要性を理解してもらい、動機づけをする仕掛けをつくることが必要になる。

また、デジタル化を推進するために必要なスキルや人材が自社にいないことも「⑤技術・スキルの壁」のもうひとつの側面である。企業内のデータを経営資源として活用するには、データの共有化・共通化と活用を支援する仕組みや推進組織が必要になる。その活動を推進するにはビジネスとITのそれぞれのイノベーションを理解し、自社のビジネスに活用するスキルを持つデジタル化人材が必要となるが、これまでにない役割のため、対応できる人材が育っていないことも現実である。特にIT部門はデジタル化への貢献が期待されるが、人材が育っておらず、圧倒的に不足している。デジタル化時代のITガバナンスやIT人材育成が大きな課題になっている。

最後は「⑥運用上の壁」である。「デジタル化」戦略の結果として優れた意思決定支援の仕組みができたとしても、それを活用する業務プロセスを見直さなければ効果は発揮できない。意思決定のルールに基づいて、各ステークホルダーの役割・権限とデジタル化を前提とした業務プロセスの見直しが必要になる。また、データの収集・蓄積のために既存業務を見直すことも行なっていく。

「⑥運用上の壁」のもうひとつの観点として、分析モデルと活用業務の改善プロセスも重要だ。AI・機械学習という技術は、データ・事例の蓄積で分析の精度が向上する。そのため、継続的にPDCAを回し、分析モデルの改善と業務・ルールの見直しを行なっていくことが必要だ。

たとえば、分析の精度により、見える化として参考情報を提供するだけにするか、人が最終判断をするとしても分析結果を優先するか、さらには、分析結果に基づき自動化するかなど、どのような対応をしていくかを変えることも考える必要がある。

そして何よりも、6つの壁を乗り越えて「デジタル化」戦略で実績を上げるには、テクノロジーに頼るだけでなく、経営トップから現場まで企業全体の多元的な改革を推進していくことが重要になる。

1-3

ユースケースを有効に利用すれば、悩まずにデジタル化を推進できる

革新スピードに対応する「ユースケース」ベースの改革の有効性

デジタル化戦略の推進にあたり、多様なステークホルダーを巻き込んで改革目標を設定し、6つの壁を乗り越える多元的な変革を推進させることは容易ではない。「改革目標を曖昧にしたまま、やれることをやる」「調整が容易な部署だけでPoCを実施する」という取り組みになりがちだ。

一方で、デジタル化は、暗黙知によるノウハウや属人的なナレッジに依存しないので、「模倣が容易」であり、「比較的前提条件なく導入可能」という点が特徴になる。このことは、フロントランナーの企業にとっては常に変革を続けないと他社にキャッチアップされる脅威になるが、逆にフォロワー企業にとってはよりよいビジネス手法を短期間で導入できる機会になる。

デジタル化の推進を目指す企業にとって、先進企業の取り組みを「ユースケース」として、それをベースに改革を進めることは、効果創出までの時間を短縮する効果的な方法で

あり、本書で提示する「悩まずにデジタル化戦略を推進する手法」として打ってつけのものといえる。

「デジタル化」戦略の手本となるユースケースは、以下の3点が整理された「一般化された改革事例」だ。

1点目は「改革の目標・期待効果とその実現手段」。ユースケースには、その取り組みによって達成できる期待効果が紹介されている。自社にとっても、その期待効果が有意義なものであるかを判断して、ユースケースの採用の是非を考えることができる。併せて実現手段を見て、どんな課題を解決しているかを理解することで、自社でも適用可能かを判断しやすくなる。

2点目は「改革に必要なステークホルダーの範囲」だ。改革を実現するために、どのステークホルダーまでを巻き込むべきかの範囲を知る必要がある。推進担当者にとって、他部署や社外関係者との調整は負荷やストレスがかかる作業だ。改革を実現するうえで必要なステークホルダーの範囲とその理由が腹落ちできれば、自身も納得でき、説得力を持って調整を図ることができる。

3点目は「改革の前提条件となる整備事項」。6つの壁を考慮した整備事項を漏れなく把握することで、実現に向けた取り組み課題を理解できる。

「ユースケース」ベースの改革を進めることで、その改革が自社にフィットするか、また、必要な取り組み課題は何かを評価できる。それにより短期間で意思決定・導入が可能になる。

【本章の用語解説】

＊1　PoC……概念実証（Proof of Concept）のこと。新たな概念や原理、アイデアの実現可能性を示すために簡易的または部分的に検証すること。

＊2　M2M……マシン・トゥ・マシン（Machine to Machine）の略語。コンピュータネットワークにつながれた機械同士が人間を介在せずに相互に情報交換し、自動的に最適な制御が行なわれるシステムのことを指す。

＊3　データレイク……従来は目的をはっきりさせたうえで設計を行ない、収集するデータを必要なものだけに絞り込んで時系列で業務データを蓄積していく「データウェアハウス」が使われていた。一方で、データレイクは、多種多様なデータ形式を貯めておけるような広大な領域のことで、データウェアハウスとは異なり、「あとから何か活用をしよう」と思い立ったとき、欲しいデータを欲しい分だけ簡単にすばやく取り出せる特徴がある。

＊4　サイバー・フィジカル・システム……現実世界（フィジカル空間）に設置したセンサーなどから得る膨大な観測データなどの情報をサイバー空間のコンピュータを使って数値化し、分析結果をフィジカル空間にフィードバックすることで、「社会システムの効率化」「生産性の向上」などを目指すサービスおよびシステムのこと。

＊5　デジタルツイン……工場や製品などに関わる物理世界の出来事を、そっくりそのままデジタル上にリアルタイムに再現すること。実際に製造する工場や出荷する製品を現実世界を模したシミュレーション空間をシステム上に構築し、現実の工場の制御と管理を容易にすることを目指す手法のこと。次世代のものづくりにおける重要な技術とされている。

＊6　エッジコンピューティング……端末の近くにサーバーを分散配置するネットワーク技法のこと。ユーザーや端末の近くでデータ処理することで、上位システムへの負荷や通信遅延を解消できるのが利点。たとえば、製造現場では、工場内に多数設置されたセンサーや測定器から得られる大量のデータに対し、高速またはリアルタイムなアプリケーション処理（データの見える化）ができるなどの効果が期待できる。

＊7　チャットボット……「チャット（chat）」と「ロボット」の略称である「ボット」をかけ合わせた言葉で、テキストや音声を通じて、会話を自動的に行なうプログラムのこと。

＊8　MI……マテリアルズ・インフォマティクス（Materials Informatics）のこと。データマイニングなどの情報科学を通じて新材料や代替材料を効率的に探索する取り組みを指す。従来は研究者などの経験や勘に依存していたが、コンピュータで計算した材料データベースや人工知能などを活用するマテリアルズ・インフォマティクスによって、効率的な材料開発が可能になりつつある。

第2章

経営効果を早期に創出する「ユースケース」活用

2-1

ユースケースを活用した「デジタル化」を推進するための5STEP

経営効果を早期創出する「ユースケース」ベースの改革アプローチ

デジタル技術は多種多様であり、日々進化している。デジタル技術を活用した改革の取り組み自体は広がりを見せているが、実際には技術適用を念頭に置いたPoCという初期の検証段階で止まってしまうことが多い。

特に、技術が加速度的に進歩する状況下では、「何が実現できるのか」「実現されて何がうれしいのか」といった目指す姿（到達点）を描くことは簡単ではない。それらを描いたとしても、目まぐるしい技術の進歩によって早い段階で陳腐化するおそれもある。それゆえ、できる限りスピーディーに効果の創出を期待できる改革アプローチを考えることが必要だ。

こういった状況下では、ゼロベースで改革の検討を進めるのではなく、実績ある成功事例を活用する方法が有効だ。つまりデジタル化は、目指す姿のコンセプトづくりに時間をかけるのではなく、できる限り成功体験をベースとした「ユースケース」を活用してすば

図 2-1　「デジタル化」推進の改革 STEP

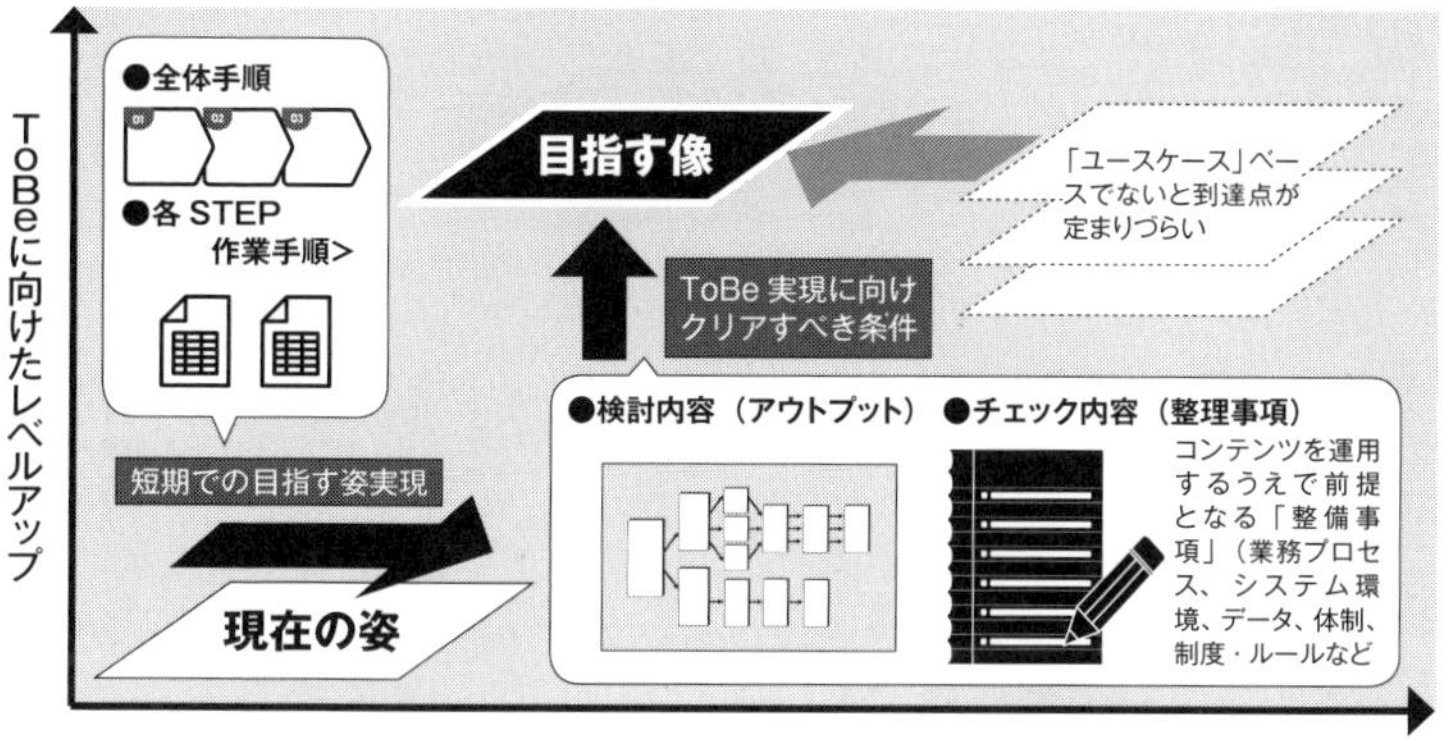

やく目標を定め、これを自社に合うように応用しながら早期に経営効果を創出して、軌道修正を図るアプローチが有効になる。

具体的には、「ユースケース」をベースに、デジタル化の「目指す姿」を定め、それに自社の「現在の姿」を対比させる。「目指す姿」を実現するために検討すべき内容（アウトプット）とチェックすべき内容（整理事項）を活用しながら、短期間で「目指す姿」を実現するにはどうすべきかを効率的に検討していく【図2-1】。

事業内容、業界・競合の動向、業務内容が異なっているため、他社で効果の実証された「ユースケース」の適用が、自社にとって必ずしも効果があるとは限らない。ユースケースを活用した改革を成功させるためには、大きくふたつの点を十分に吟味しながら検討を進めることが必要になる。

（A）ユースケース適用により実現できることは何か？

（B）ユースケース適用の前提としてクリアすべき条件は何か？

「（A）ユースケース適用により実現できること」とは、実現できる「業務内容（実現方法）と期待効果」であり、ユースケースを適用することが、自社の事業や業務にとって有効であるかを検証する観点である。

一方、「（B）ユースケース適用の前提としてクリアすべき条件」は、自社への適用に大きな阻害要因がないか、適用後に悪影響がないかなど、実現性を検証する観点だ。具体的には、第1章で述べたデジタル化に向けた6つ導入の壁（①システム環境の壁、②データ定義・品質の壁、③データ連携の壁、④会社・組織の壁、⑤技術・スキルの壁、⑥運用上の壁）について、自社の現状を確認し対応策を検討していくことになる。

ユースケースを活用し、スピーディーに有効性・実現性を見極め、「革新的な未来像」に至るまでのロードマップを描くことが、デジタル化戦略の立案には有効になってくる。

ユースケースを活用したデジタル化の進め方

私たちが携わったさまざまな「デジタル化」戦略立案のプロジェクトの経験から、ユースケースを活用したデジタル化は、次のような5つのSTEPで推進することが有効と考えている。

《ユースケースを活用したデジタル化の5つのSTEP》

【STEP1】改革の対象範囲の合意と適用ユースケースの選定

【STEP2】ユースケースの適合性評価

【STEP3】デジタル技術を活用した新業務設計

【STEP4】デジタル基盤の構築・導入

【STEP5】デジタル化された新業務の運用と評価・改善

以下、各STEPについて説明する。

【STEP1】改革の対象範囲の合意と適用ユースケースの選定

初めに、企業が改革を進める目的・目標や対象範囲を明確にする。この段階は、各企業を取り巻く事業環境や企業としての狙いがあるため、基本的にはユースケースを意識しすぎずに、自社固有の取り組みとして検討をする。これらの検討と並行して、他社の先進的

図 2-2　デジタル化改革を推進するための５STEP

【STEP1】改革の対象範囲の合意と適用ユースケースの選定	改革の目的・対象範囲を明確化・合意するとともに、自社との条件の相違などを考慮し適用するユースケースの選定する
【STEP2】ユースケースの適合性評価	ユースケース導入で実現される姿・効果と、導入の前提としてクリアすべき条件および対策を明らかにし、適合性を評価する
【STEP3】デジタル技術を活用した新業務設計	適合性の評価結果を踏まえて、デジタル技術を活用した新しい業務の仕組みを、ユースケースを活用し設計する
【STEP4】デジタル基盤の構築・導入	新しい業務の仕組みを実行するためのデジタル基盤（IoT など）をユースケースを活用して構築・導入する
【STEP5】デジタル化された新業務の運用と評価・改善	デジタル基盤を活用した新業務を運用し、導入後の効果や運用上の問題点をモニタリングし、継続的に改善する

なデジタル化の取り組みを調査し、参考として活用するユースケースを選定していく。他社の取り組みとして開示されている情報に限りがある場合は、詳しい外部パートナー（ＩＴベンダー、コンサルティング会社など）に情報提供を求めることも有効だ。

また、参考にする取り組みは、必ずしも同業種・同業界だけでなく、他業種・他業界も含めて、幅広く調査することを推奨する。このＳＴＥＰは、改革の方向づけをする重要なＳＴＥＰのため、関係者と十分に合意を形成することが重要だ。この点については、本章

図2-3 自社とユースケースを比較する観点

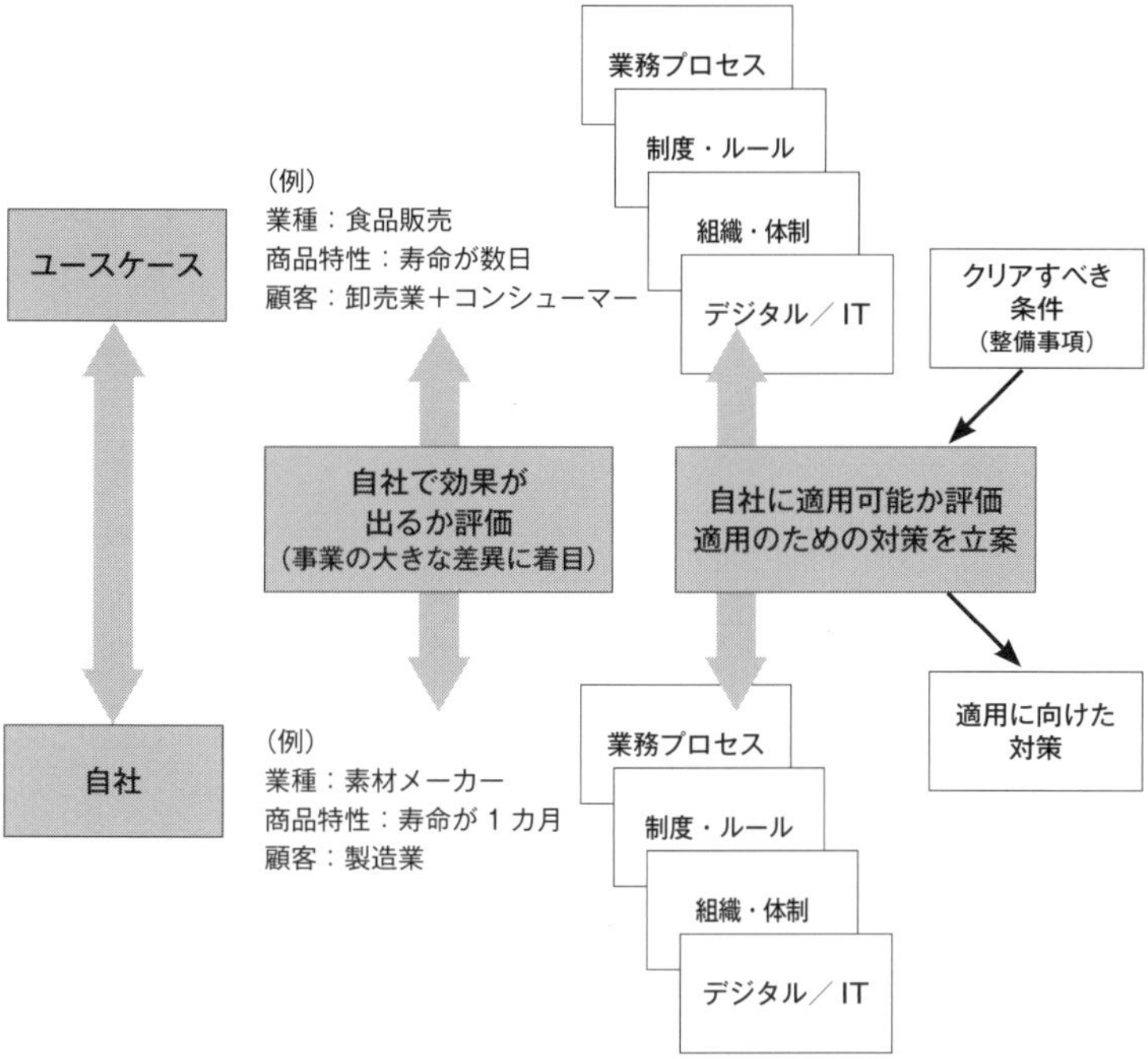

内で詳しく後述する。

【STEP2】ユースケースの適合性評価

STEP1で定めた目的や期待効果を実現するために、ユースケースが真に有効かを評価・検証するためのSTEPである。

まず、ユースケース導入による期待効果を評価・検証する。具体的には、【図2-3】に示すように他社がデジタル化を進めたユースケースで実現された姿や解決された課題を参考に、

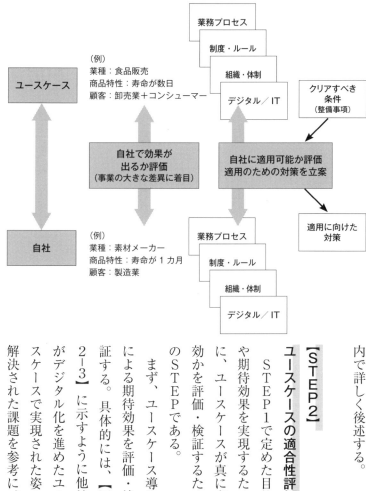

自社の事業（商品・サービス、顧客・チャネル、バリューチェーン）との大きな差異に着目し、自社に適合した場合にどの程度効果が出るかを評価する。

次に、自社への合致度を評価・検証する。具体的には、ユースケースで実現されている業務の仕組み（業務プロセス、制度・ルール、組織・体制、デジタル／ＩＴ）と自社の業務の仕組みを突き合わせ、適用可能なのかを検証し、大きな変更が必要な場合は、その実現方法や実施スケジュール、役割分担などを明らかにしていく。この際、前述した「（Ｂ）ユースケース適用の前提としてクリアすべき条件」を切り口に評価をすると抜け漏れなく効率的な評価ができる。

このＳＴＥＰでは、前述した両面について、主に事業・業務部門の上管理職層や現場管理者と協議を重ねることで、机上の空論ではなく、自社の状況を踏まえた実効性の高い改革案にすることが可能になる。

【STEP3】デジタル技術を活用した新業務設計

ＳＴＥＰ２の検討結果を反映し、新しい業務の仕組みの概観を設計する。具体的には、ＳＴＥＰ２で明らかにした業務の仕組みの大きな変更点を自社の現状の業務に盛り込み、新しい業務の仕組み（業務プロセス、制度・ルール、組織・体制、デジタル／ＩＴ）とし

図 2-4　業務の仕組みを構成する４つの要素

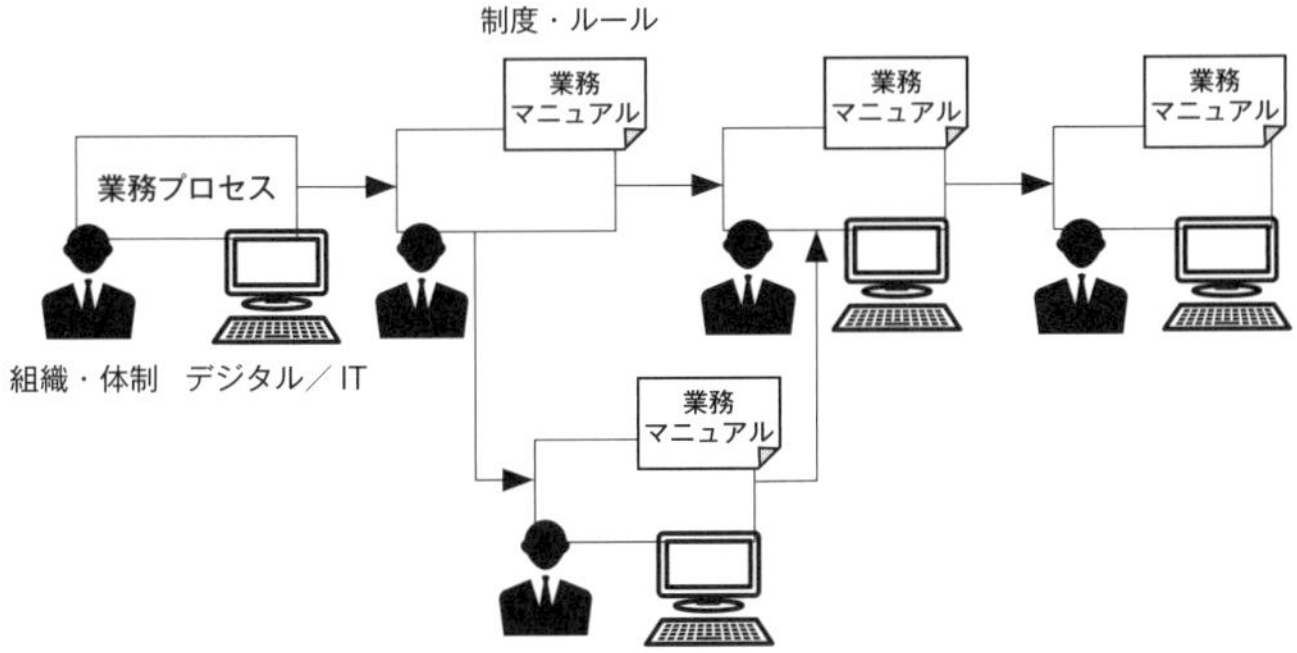

ユースケース適用に必要な要素を自社の現状の業務に盛り込み、新しい業務の仕組みを設計する
●業務プロセス：業務を進めていく手順と、各手順で実施する業務の内容
●制度・ルール：業務プロセスの各手順を間違いなく実施するために前提としている制度やルール
●組織・体制：業務プロセスの各手順を実際に担当する組織や体制・メンバー
●デジタル /IT：業務プロセスを効率的に進めるための支援ツール（情報システムやデジタル基盤）

て設計していく【図2－4】。この際に、参考とするユースケースの業務の仕組みが把握できていれば、参考にできる点が増え、効率的に進められるので、深い情報収集・調査が有効になる。

【STEP４】デジタル基盤の構築・導入

このSTEPでは、STEP3で設計した新しい業務の仕組みを実現するためのデジタル基盤の構築と導入を推進する。

基本的には、自社の情報システムと連携をさせ、「収集」「蓄積」「分析・自動化」「活用」の基盤を構築・導入するが、ゼロベースで構築するには時間と費用が多くかかるため、外部パートナー（ITベンダーなど）が保有するソリューションを評価し、それらを組み合わせて活用することが有効だ【図表2-5】。昨今は、IoT、アナリティクス/AIのソリューションが充実してきており、実際に多数の企業に導入した経験を持つITベンダーも多い。こうした企業に協力を求めることが望ましいだろう。

また、机上の設計のみでなく、デジタル基盤としての有効性を実業務で検証するため、PoCを一部の範囲でパイロット的に試行し、その評価結果を踏まえて順次展開することもひとつの方法になる。

【STEP5】デジタル化された新業務の運用と評価・改善

新業務にデジタル基盤を導入して、実際の効果や運用上の問題点をモニタリングし、その改善を継続的に行なうSTEPになる。仕組みや基盤の導入は、手段であることはいうまでもない。真の狙いは自社が経営効果を創出することなので、STEP5は非常に重要なSTEPになる。

一方、導入したことに満足して評価・改善のサイクルが回らなくなることも多い。それを防ぐために、評価・改善するための評価基準(KPIなど)、そのための情報取得・チェックサイクル、実行体制・役割分担などを明確にして、定常業務として定義することが重要だ。STEP4の「デジタル基盤の構築・導入」と並行して、その定義を明確にする必要

図2-5　ソリューション活用による一般的な期間短縮のイメージ

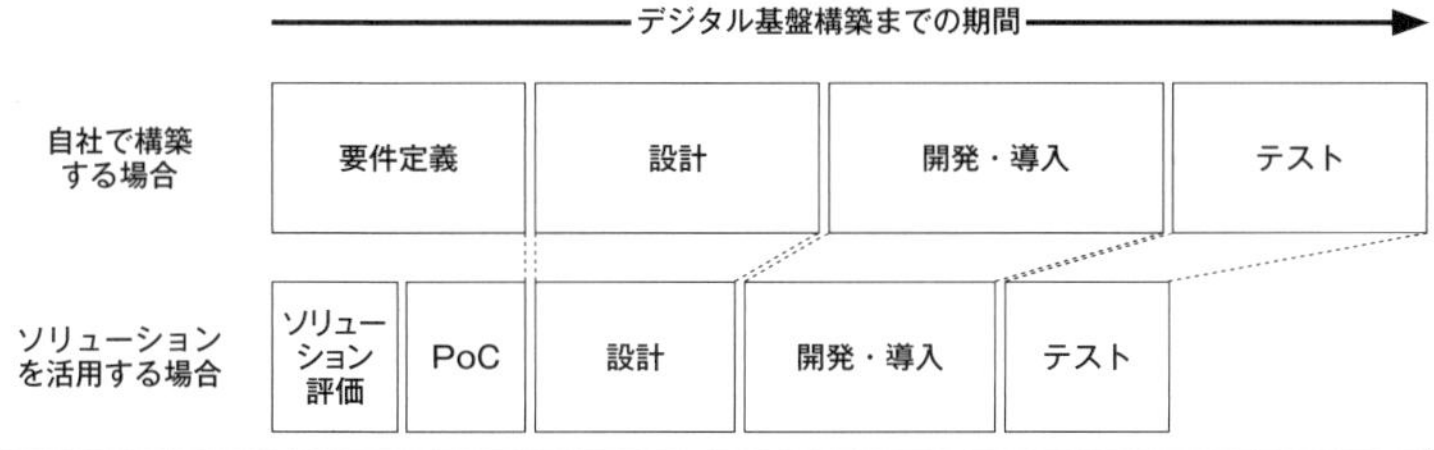

IT ベンダーが保有するソリューションを活用することで、自社構築するよりも比較的短期にデジタル基盤を導入できる傾向がある。その際は、ソリューションの机上での評価に加え、実業務での検証（PoC）を試行し、効果・適合性を確認することが望ましい。

がある。

私たちは経験をもとに、以上の5つのSTEPをユースケースベースで進めることが、デジタル化を加速させる改革の進め方として有効だと考えている。特に改革の初期段階であるSTEP1~2は、改革の成否を分ける重要フェーズのため、関係者の巻き込みなど、いくつか気をつけておくべきポイントがある。この点については、次項でより詳しく説明する。

ユースケースベースの改革アプローチのポイント

ユースケースベースでの改革は、スピードや確実性の点で有効な方法として期待できる面がある一方で、「なぜ、他社を模倣しなければならないのか」といった反発を招くことも予想される。細やかな点に配慮することも含めて、特に留意すべきポイントは大きく3つある。

改革アプローチのポイント① 改革の目的・対象範囲を関係者全員で合意する

企業における改革の取り組みでは、目的や対象範囲が曖昧なままスタートするケースが驚くほど多い。結果として関係者間での認識のズレが生じ、プロジェクトが混乱することは珍しくない。特に、「ユースケース」ベースで改革を進める場合、新しい業務の仕組みとしての実現方法に目が行きがちになるため、何のために、どの範囲で改革するかの合意形成が非常に重要になる。関係者間の認識にズレをなくすためには、「目的・目標」「対象範囲」「改革条件」を、以下の観点で具体化することが必要になる。

目的・目標……経営、業務、仕組みの3つの階層で整理
対象範囲………事業、業務、部署、ITの4つの切り口で明確化
改革条件………業務、システム、組織、制度の4つの観点で範囲を具体化

前述の検討STEPでは、特にSTEP1において、経営層や対象事業・業務を担当する上位管理職層を中心によく吟味し、合意形成しておくことがボタンのかけ違いを防ぐポイントになる。

改革アプローチのポイント②　有効なユースケースを収集・選定する

現在、多くの企業がさまざまな事例調査やベンチマークを行なっている。なかには外部機関に定常的に委託している企業もある。しかし、実際には「同業の業界トップも考えていることは同じ」「雑誌などで取り上げられる有名な事例は自社には合わない」などの理由から、深い情報収集はされず、参考になる取り組みが有効に活用されていないケースも多い。

自社に有効なユースケースを収集するには、先行的にデジタル化に取り組んでいる業種・企業をあらかじめピックアップし、継続的にモニタリングすることが有効だ。特に業界の特徴やバリューチェーンの特性を踏まえて、より厳しい条件下で事業運営する業種や企業に着目しておくと、活用の可能性が高まるだろう。この際にネームバリューやセンセーショナルなものよりも、あくまでも「自社に適用して実現の可能性がより高くなるか」に着目して、ユースケースの取捨選択をすることが重要だ。

（例）

物流・在庫管理……………生鮮食品など、商品寿命の短い業種

商品開発……………コンシューマ向けビジネスで、さまざまなチャネルからニーズ収集して

いる企業

経営管理…………グローバル多拠点に事業を展開し、複雑な会社・組織構造を有する企業など

改革アプローチのポイント③　ユースケースを自社に合致するように応用する

【ＳＴＥＰ２】のユースケースの適合性評価において、自社への適合性評価の方法については述べたが、もうひとつ重要なポイントがある。「どのような単位でユースケースを活用するか」だ。私たちが改革をサポートする仕事をしていると、「Ａ社のようになりたい」という声をよく聞く。しかし、現実的にすべてを取り込むのは難易度が高いうえに、思うような効果が出ないケースがほとんどだ。ユースケースを自社に合致させるためには、業務の機能のなかでの仕組み（一連の業務プロセス、制度・ルール、組織・体制、デジタル／ＩＴ）に着目し、適用可能な単位の切り出しを検討することが必要だ。たとえば、製造業の企業が、「商品を購入いただいた個々のお客様に合ったアフターサービスを提供したい」と考えたとする。この場合、同業でなくとも、「顧客情報の管理」「顧客への販売実績の管理」「顧客特性の分析」「顧客へのアフターサービス案内」「アフターサービスの提供」といった業務の機能のなかで、「顧客情報を管理するＩＴは真似ができる」など、具体的

な切り出しが検討できると活用の幅が広がる。その際に、業界・企業固有の要素と共通性の高い要素を切り分けて考えると検討の一助になる。

「ユースケース」ベースの改革を効果的・効率的に進めるために

ここまでデジタル化の推進して改革を進めるには、ユースケースを活用したアプローチが有効であることを述べてきた。ゼロベースでの検討と比較して、スピードや確実性の面で優位性の高いアプローチだが、いくつかの準備・整備が必要になる。また、デジタル化が求められる領域が企業活動全体に広範囲にわたり、取り組むべきテーマも多種多様になっている。そのため、全社の各所でデジタル化に向けた改革を効率的・効果的に進められるように、以下の3要素について組織的に整備・強化していくことが重要だ。

①手法……………「ユースケース」ベースで改革を進めるための標準的な手順・ワークシート

②コンテンツ…成功事例を手順に沿って活用できるかたちに汎用化したテンプレート

③人材…………手法とコンテンツを使いこなし、改革をリードするスキル・マインドを持つ人材

個々の企業で全要素を十分に整備・保有し続けることはリソースなどの面で難しい。また、今後も加速度的・断続的に技術変化が起こるため、すべて自前で整備・保有するのではなく、外部のパートナー企業、先進的な取り組みを行なう企業との連携・協創がより重要になってくる。

第3章

工場、物流拠点での
デジタル化の取り組み

3-1 「工場」「物流」の現場におけるデジタル化の課題とデジタル化技術への期待

ユースケースの活用が課題解決の早道

近年、製造業のグローバル化が加速度的に進み、海外企業との競争は日々激化している。その競争環境を勝ち抜くために、市場／顧客からの高度な要求への対応とコスト優位確保の相反する課題解決が求められている。また、国内の工場や物流の現場では、生産労働人口の高齢化に伴う労働力不足や技術熟練者による業務の属人化が課題となり、こうしたビジネス環境／労働環境への対応が日本の産業分野における喫緊の課題にもなっている。

工場の現場では、マスカスタマイゼーションへの対応が求められるなかで、急な計画変更などを余儀なくされ、その対応などにより生産性を妨げているケースがある。物流の現場では、ネット通販の進展による荷物の小口化と個人宅配送の増加・スピード化が進むなかで、深刻化するドライバー不足による人件費の高騰、属人化した配車計画や倉庫内業務、といった課題が顕在化しており、人手を中心とした業務運営では立ちいかなくなっている。

本章では、こうした工場および物流現場での課題をデジタル技術によって解決する進め方についてユースケースを交えながら紹介する。

産業分野の多くの企業では現場業務の改善や省人化を図るためにデジタル化技術を活用したいという要望が多くあるなか、自社業務にどのように適用していけばよいのか模索している企業も多いのが実態である。私たちはさまざまな企業でのデジタル化の取り組みに関わるなかで、成功体験に裏打ちされたユースケースに基づくデジタル化実現アプローチをとることが、早期かつ確実に効果を享受するポイントと考えている。一方、工場および物流の領域では万能なユースケースは少なく、業種や業務の特性に応じて、ユースケースの適用条件を見極めることも成功に向けたカギになると考えている。

3-2

工場におけるデジタル化の取り組み

生産タイプに応じたデジタル化課題

工場におけるモノづくりは、汎用品を繰り返し生産する量産型とオーダーごとに顧客の要求仕様に応じてカスタマイズする個別受注生産型などに分類され、それぞれの特性に適したデジタル化を検討することが重要だ。【図3-1】に、工場における生産タイプを示している。

Ⓐのプロセス型生産タイプは、設備による生産が中心であり、いかに既定量の製品を効率的に生産できるかがポイントとなる。こうした現場では設備故障による生産量減少が問題になることがあり、設備の故障予知により生産停止を未然に防ぐことが重要な課題になる。

Ⓑの受注設計生産型生産タイプは、顧客からの注文のつど、要求仕様に基づき製品の設計をし、生産、出荷までを行なう。このタイプでは受注から出荷までのリードタイムが長くなることが多く、この短縮が重要な命題になることが多い。製品を完成させるまでには、

図 3-1 工場における生産タイプ

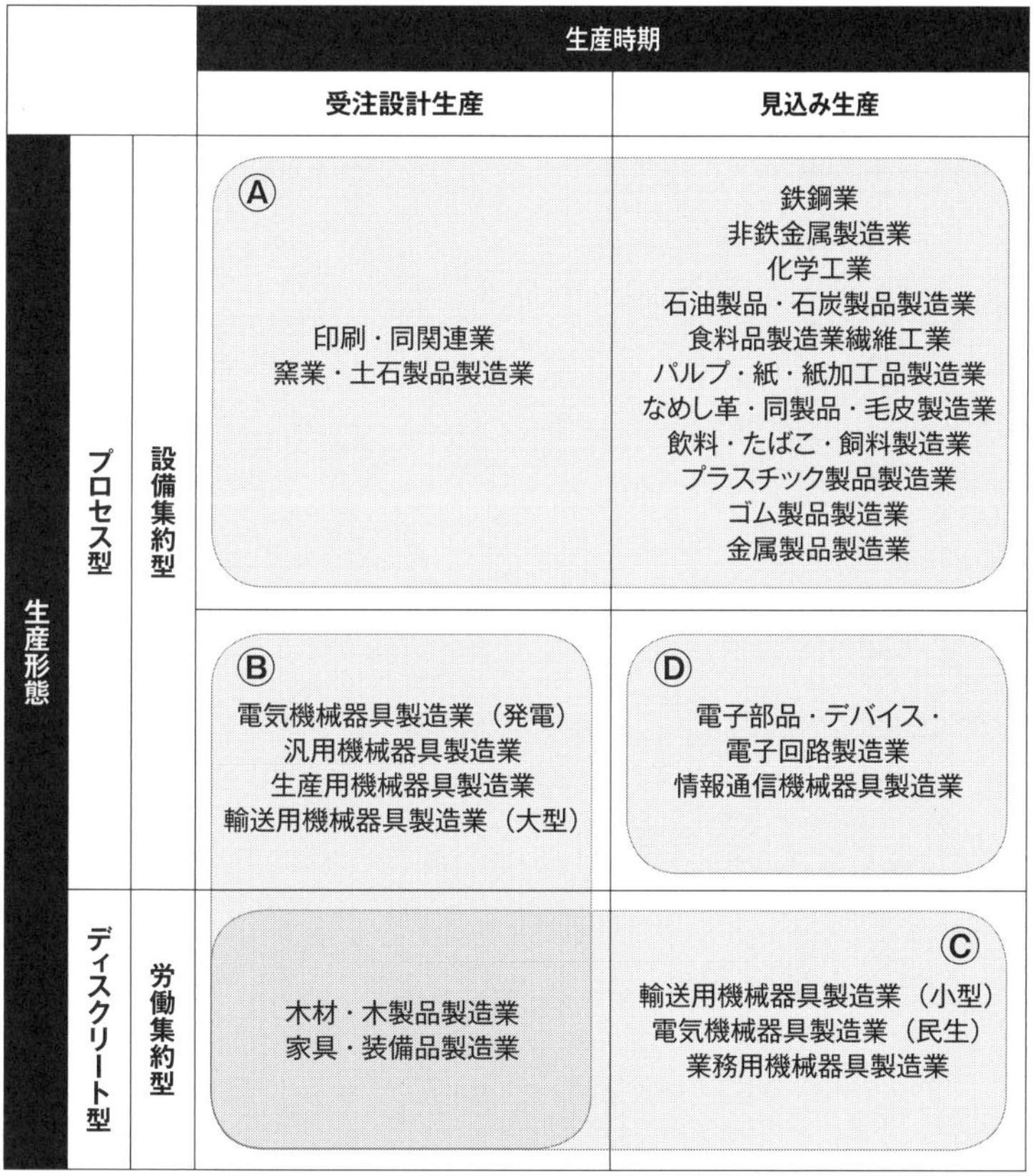

<生産形態>
プロセス型：流体を主な原材料とした反応と合成が主体の生産形態
ディスクリート型：固体を主な原材料とした組立加工型の生産形態
<生産時期>
受注設計生産：特定顧客の確定した需要（＝注文）に応じて生産する
見込み生産：市場の需要を見越して企画・設計した製品を生産し、不特定な顧客を対象として市場に出荷する
<産業の分類>
総務省「日本標準産業分類」の中分類をマッピング

設計部門、生産技術部門、調達部門、生産部門等の複数部門を介していくため、部門間の情報連携を迅速にすることが重要だ。

Ⓒのディスクリート／労働集約型生産タイプは、人手を介する作業が多いため、作業スキルの違いや作業ミスなどがリードタイムの遅延や生産性の悪化につながることが多い。これらのロスを事前に防ぐことや発生時の迅速な対策が重要なため、現場の作業に変化が生じたタイミングでの状況把握が重要になる。

Ⓓのプロセス／設備集約型生産タイプは、1製品当たりの作業工程が多く、良品率の向上が課題となることが多い。これらの現場では不良品発生要因を解析し対策を講じることが重要だ。

このように、生産現場の特性に応じて求められる課題は異なり、それぞれに応じたデジタル化技術の適用が求められる。

工場でのデジタル化ユースケース

日立製作所では、前述の各生産タイプに属する工場においてデジタル化技術を活用した現場の課題解決の取り組みを進めており、実業での成功体験に裏打ちされたユースケースを外部のお客様に提供する活動を推進している。このなかの多品種少量生産で人手作業を中心とした受注設計生産型の工場である株式会社日立製作所のサービス&プラットフォームビジネスユニット大みか事業所でのデジタル化の取り組みを紹介する。

同事業所では情報制御機器・システムの設計・製造を行なっており、注文のつど、顧客の要求仕様に合わせて設計し、生産・出荷する形態をとっている。多段階の工程を経るため、工程間の連携をうまく行なわないと工程間での作業滞留が発生し、出荷納期遅れや工程間での製品滞留などのロスにつながっていた。また、設計から生産までの工程は人手による作業中心であったため、作業のミスやバラツキにより作業遅延なども引き起こしていた。

これらの問題に対して、工程間の情報分断を解消するためのデジタル化技術を活用した工夫と現場の作業者起因で発生した遅れやミスを即座にデジタルデータで捉えて改善を図る工夫を行なった。具体的には、情報取得技術、大量データの蓄積・管理技術などを駆使して、部門間を横断したＰＤＣＡサイクルを促進し、作業生産性、リードタイムを劇的に改善した。

このユースケースのポイントは次の３点である。

①現場実態の徹底したデジタルデータ化（ＲＦＩＤ[1]、作業動画）
［ＰＤＣＡのためのデータ蓄積］

②デジタル情報を活用した工程・作業改善の短サイクル化
【現場と管理部門横断でのＰＤＣＡ】
③設計と製造で仕様・図面情報をデジタルでつなぎ、手戻り減
【設計部門と製造部門のシームレス連携】

①現場実態の徹底したデジタルデータ化（ＲＦＩＤ、作業動画）

人手を中心とした作業現場では、不測の事態の発生などにより、作業の遅れや作業工数の増加などの問題を引き起こしていた。しかし、現場で問題が生じても振り返って原因を探ることが十分にできず、場当たり的な対策に終始していた。この問題に対して、現場での作業進捗や作業状況（フィジカル空間の事象）をＲＦＩＤや作業映像により丸ごと情報化（サイバー空間での把握）することで、「どの作業」が「どのように行なわれていたか」を振り返ることが可能となり、タイムリーな問題の特定と対策を行なえるようにした。

②デジタル情報を活用した工程・作業改善の短サイクル化

現場から吸い上げたデジタルデータをもとに目標作業時間に対する遅れを検知し、問題箇所に対して関係部門で対策を検討することで、作業進捗の是正や作業改善につなげるよ

図 3-2　工場でのデジタル化ユースケース

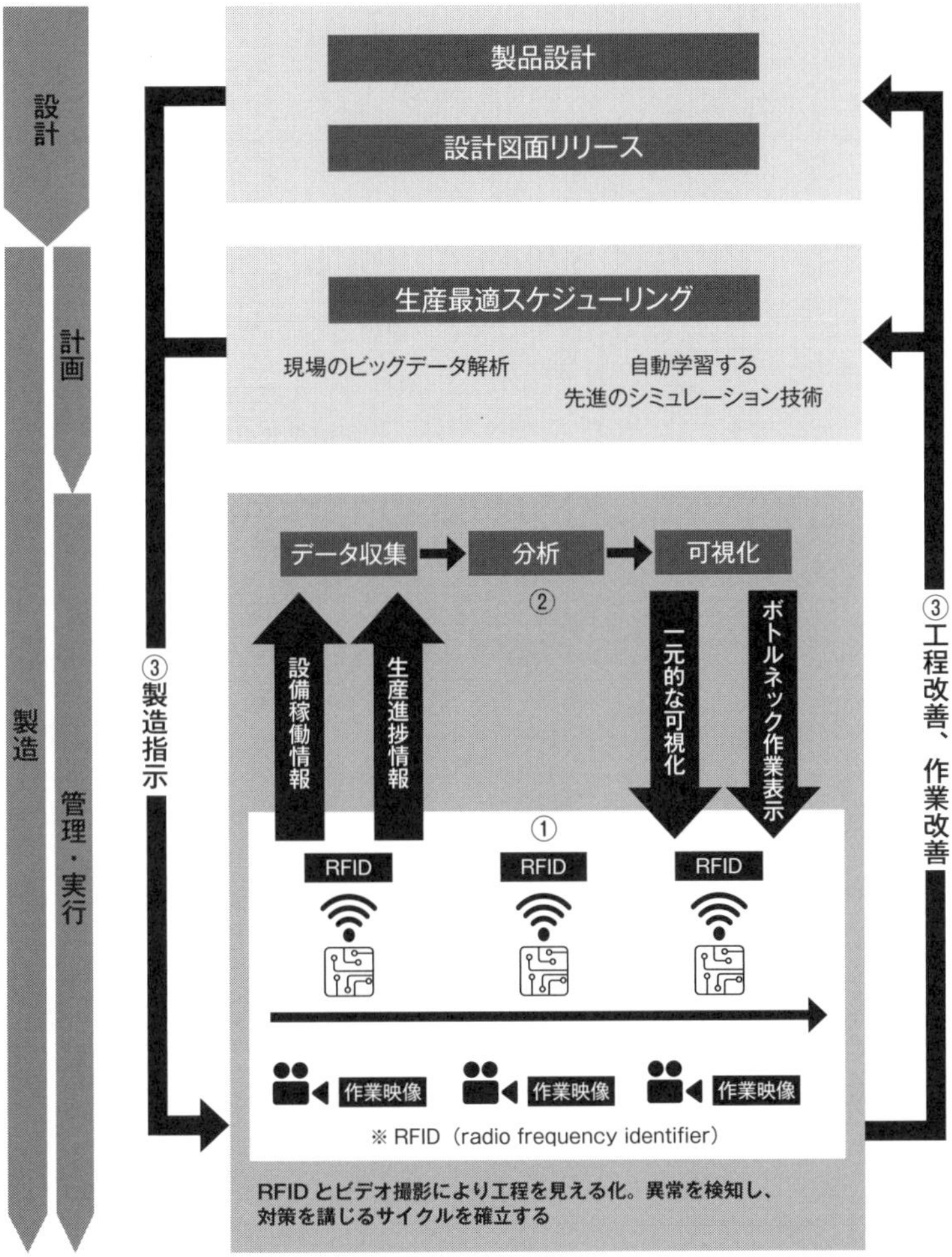

うにした。従来はワークサンプリングなどの虫食い的な対策に終始していたが、現場実態を大量データで蓄積し、振り返ることが可能となったため、タイムリーかつ抜け漏れのない対策が図れるようになった。

③設計と製造で仕様・図面情報をデジタルでつなぎ、手戻り減

受注設計生産型の現場では、設計部門で作成した仕様や図面を製造部門に引き渡して生産を行なう。各部門ごとの情報記載ルールが異なると、内容を理解するための属人的なノウハウや内容確認のための手戻りが発生する場合がある。この状況に対して3次元化された製品の形状情報やそれに伴う仕様情報上に製造現場で発生した問題箇所の情報を付加し、関連部署と同時共有することにより、即座の対策検討を行なうことができ、手戻りや作業滞留を軽減した。

このユースケースでは、現場の実態を丸ごとデジタルデータ化し、振り返って対策ができるようにしたことや部門間の情報連携・共有を徹底し、作業の滞留や手戻りを解消したことがポイントだ。今後は、蓄積したデータをさらに利活用して最適な作業の計画につなげる取り組みを推進していく予定である。

3-3
物流におけるデジタル化の取り組み

物流タイプに応じたデジタル化課題

物流の分野では、企業向けに大ロットの単位で商品の保管・発送を行なう物流タイプから、消費者向けに小口で商品の保管・発送する物流タイプなどに分類され、それぞれの特性に適したデジタル化を検討することが重要だ。

【図3-3】に、物流のタイプを示す。企業から消費者にわたる流通のなかで供給者と需要者をつなぐ物流センターが各段階に存在し、各段階の物流センターごとに運用形態が異なる。

流通の川上ほど大量の製品を扱い、川下ほど小口の製品を扱うことが多い。出荷荷姿には1品1品の単位で荷扱いする「バラ品」、段ボールなどに梱包された単位で荷扱いする「ケース品」、ケースを段積みした状態で荷扱いする「パレット品」などがある。

パレット品は、フォークリフトでの搬送や荷ほどきの作業が必要で、ケース品は移動台車、自動搬送機などによる搬送が必要になる。バラ品はケースに格納されている製品を取

図3-3　物流タイプ

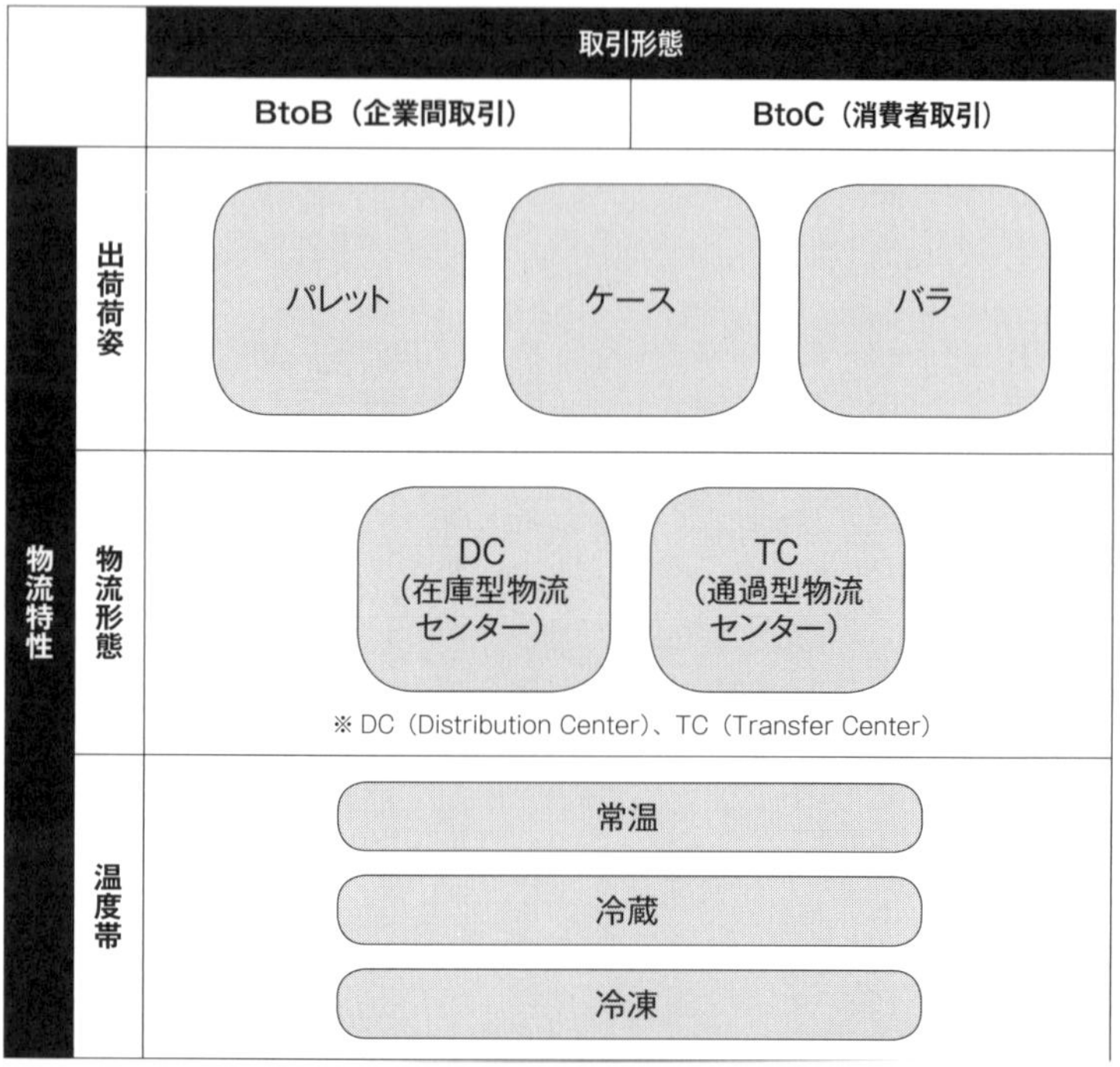

り出すピッキング作業が必要だ。バラ品は荷扱いの数が多いこともあり、従来から自動化機器を用いた業務の省人化も図られているが、まだまだ人手による作業が多い。デジタル技術を活用したさらなる合理化が期待される。

物流センター形態には、「在庫型」と「通過型」があり、在庫型では製品の保管や在庫棚卸し、ピッキングの作業が存在し、通過型では入荷された製品を出荷先別に荷合わせする作業がある。それぞれの特性に応じたデジタル化の検討が必要となる。

物流センターにおける商品管理の温度帯には、「常温」「冷蔵」「冷凍」があり、たとえば常温の環境下でしか適用できないロボティクス製品もあるため、適用にあたっては見極めが必要になる。

このように物流センター内のオペレーションも特性によって違いがあり、適用可能なデジタル技術の見極めとその導入効果の評価が重要となる。

物流でのデジタル化ユースケース

物流の領域は、大きく物流センター作業と輸配送の領域に分かれるが、今回は物流センター作業を対象としたデジタル化のユースケースを紹介する【図3-4】。

物流センターのオペレーションは、センター内に商品が入荷されると検品を行ない、保管庫に保管され、注文に応じて必要な商品を保管庫から取り出し（ピッキング）、出荷先別に分類（仕分け）し、梱包して発送する流れが基本である。

物流センター作業でのデジタル化では、ロボティクス技術を活用した自動化がよく知られるところである。以前より保管庫から出荷品を自動的に取り出す自動倉庫や製品単位の荷物を出荷先別に分類する自動仕分け（ソーター）といった機器を活用した自動化が進んでいたが、特定荷姿に対応する専用システムだったため普及が限定的であった。近年は、人が対応している作業をそのまま機械に置き換える自動化機器が普及してきている。

ここでは、商品をハンドリングする現場作業、そのための作業計画、および事務作業を対象としたデジタル化技術、ロボティクス技術を活用したユースケースを紹介する。このユースケースのポイントは次の3点である。

①物流作業特性に応じた自動化機器導入による徹底した合理化

物流センター作業では、間違いをなくす（クオリティー）、作業工数を軽減する（コスト）、納期どおり出荷する（デリバリー）といった命題がある。特に作業工数という点では近年の人手不足問題から、自動化機器を活用した作業代替ニーズが高まっている。一方で、作業を代替する自動化機器には、完全自動化を目指すものから人手作業をアシストするものまでさまざまである。あらかじめラインナップされた自動化機器から物流センターの作業特性と機器の技術的な成熟度から適したものを選定することが肝要だ。こうした見極めを行ない、最大限、人手作業を自動化機器に置き換え、大幅な省人化を図る。

図 3-4　物流センターでのデジタル化ユースケース

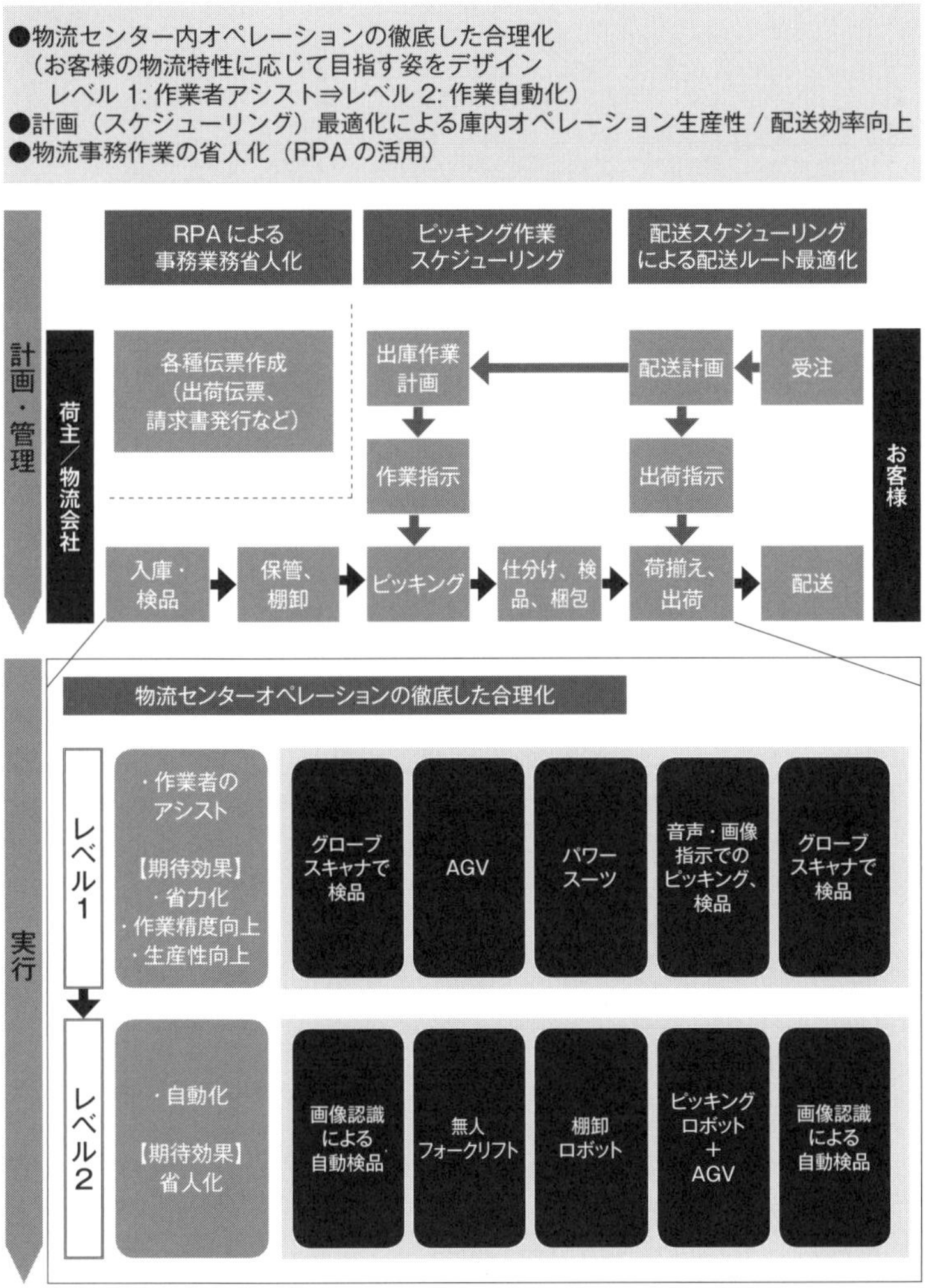

②計画最適化による物流センター内オペレーション生産性向上

人手作業でも機械による作業でも、現場のモノの配置や作業順序などの事前準備や計画の良し悪しが作業スピードや効率性に影響を与える。モノの配置、作業順序などは膨大な組み合わせが存在するため、ＡＩなどのデジタル技術を活用して計画の最適化を図る。

③物流事務作業の省人化

物流センター作業では、顧客からのオーダーを受けて在庫を引き当て、出庫指示を与えるといった業務や製品の改廃などに伴うマスター情報更新業務に作業工数がかかっているケースが多い。これらの業務に対してはＲＰＡ（第５章参照）の技術を適用し、省人化を図ることが期待できる。

このユースケースでは、物流センター内の作業において、現物をハンドリングする人手作業のロボティクス技術による代替、作業の事前準備や計画最適化による作業生産性の向上、事務作業のロボットによる代替により、最大限、作業の省人化、効率化を図ることがポイントとなっている。

3-4

ユースケースの導入アプローチ

ユースケースの適用条件

工場および物流におけるデジタル化では、業種や業務の特性に応じてユースケースの適用条件が異なることや、人手作業の代替や作業生産性の向上など、具体的な効果の創出を求められることが多い。そのため、ユースケース特有の「導入の前提条件」と「効果創出のための条件」のふたつを確認することが重要だ。

導入の前提条件とは、そのユースケースを適用するうえで必要となるＩＴ環境や必要情報のデータ管理状況、業務方式（たとえば、受注設計生産方式、見込み生産方式）、商品・作業特性などである。この条件が揃わないと、そもそもユースケース導入が困難になる。たとえば、工場のユースケースで設計と製造で仕様・図面情報を連携する手段として、３次元図面情報化ツールが必要であれば、そのシステム環境の整備が前提になる。物流のユースケースで自動搬送機を適用するには、積載できる重量上限があることが多く、商品特性として荷姿が比較的コンパクトであることが前提となる。

効果創出のための条件とは、大きな改善効果をもたらすために必要な現状の業務の状態を表す条件である。工場のユースケースでは、モノづくりの現場で人手作業の占める割合が多い、などがその条件にあたる。このユースケースが人手作業をデジタルデータで捉えて、人の作業のバラツキによるムダを顕在化し迅速な改善を促すことを狙いとしているからである。そのため人手作業の少ない設備加工主体の現場では効果を創出しづらい。

物流のユースケースでは、保管庫から商品を取り出すための人手による商品探しの移動を自動搬送機で代替するやり方を適用する場合には、商品ラインナップが多く、商品探しの頻度や時間が多くかかっているかなどが効果創出のための条件となる。

ユースケースの導入では、これらユースケース特有の「導入前提条件」と「効果創出のための条件」をあらかじめ評価し、適合性が高いと判断したユースケースを適用推進していくのが成功のカギとなる。

ユースケースの導入STEP

ユースケースの導入にあたっては、以下の活動STEPが必要となる。特にユースケースの適用可能性と効果創出の見極めを行なう適用企画は、成功に向けた重要なSTEPとなる。

STEP1：ユースケース適用企画

ユースケースを他社に適用する際には、まず条件が合致しているかを確認し、あらかじめ想定される問題点とその解決の狙い（目的）がその現場に合致するかの確認を行なう。ユースケースベースのデジタル化では、目指す業務の姿をリアルに体感したうえで、デジタル化の推進判断をできることがメリットのひとつである。ユースケースを実現している企業でのデジタル化ソリューションの活用方法や実業務運用ルール（業務運用サイクル、部門間情報連携方法など）などを共有することにより、ゴールをイメージしやすくなり納得感が醸成されやすい。たとえば、デジタル化を検討している企業では1カ月サイクルでしか行なえていなかった作業改善サイクルを、ユースケース企業ではデジタル化ソリューションを活用して1週間サイクルで実現したなどの実例を共有する。

次に、ゴールイメージを共有したうえで現状からゴールに向かうための業務変革の道筋を明らかにする必要がある。ユースケースを実現した企業も、もともとは現場の悩みや課題をひとつずつ改善してユースケースの状態に行きついた経緯がある。発生していた業務上の課題とそれに対して講じた解決策（デジタル化ソリューションの活用とそれに伴う業務運用ルールの見直し）を業務の機能単位であらかじめ整理しておき、デジタル化検討企業の実態と突き合わせて評価していく。ユースケースをそのまま当てはめられる機能、当てはめるためには業務の運用ルール見直しや組織の役割見直しを伴う機能に分解し、対応を検討していく。たとえば、工場のユースケースで作業遅れを捉えて改善を促進していく機能では、複数の工程を対象とするが、複数工程を大括りで管理していると問題の絞り込みと対策に時間を要してしまう。このように現状の工程を管理している単位が適切でない場合はそのルールから見直しを図る必要がある。また、ユースケースで実現している機能を応用活用できるかどうかの検討も重要である。特に製造業は企業によってその前提や制約が異なることが多いため、ユースケース機能を異なる活用用途で使用できるか検討できることがユースケースベースのデジタル化の利点である。こうした検討を行なうことで現場のニーズに合致した実現性のあるデジタル化後の業務イメージを描くことができる。

業務イメージを固めたうえで、ユースケース適用による創出効果を試算し、デジタル化ソリューション投資が有効かどうか評価、判断する。ユースケース実現企業での効果創出ポイントを参考にして導入企業での創出効果を試算する。

複数のユースケース・機能を検討対象としている場合は、業務実現に向けた難易度と創出効果の大きさから導入順序を決定し、中期的な展開ロードマップにまとめて着実な実行につなげていく。

STEP2：ユースケース適用業務設計

ユースケースの適用性と効果が確認できたら、そのユースケースを自社業務として運用していくための詳細の業務プロセスや業務運用ルールを固めていく。業務プロセスとして、部署別／担当者別の仕事の役割やどのような情報を参照して仕事を進めていくかなどを定義する。たとえば、工場のユースケースなら、情報取得する工程のポイントを明確化するなどのルール決めなどがそれにあたる。

STEP3：ユースケース導入のための環境構築・導入

ユースケース実現に必要となるシステムやネットワーク環境の整備を行なう。また、適用先固有の機能が必要な場合は、それらの機能開発も併せて行なう。それらの環境をトライアルしながらブラッシュアップし、業務運用性を評価し、実業務につなげていく。

STEP4：新業務の運用と評価・改善

ユースケース導入後も業務運用するなかで当初想定した効果が出ているかをモニタリング・評価して、改善が必要な場合は実装したユースケースにフィードバックしていく。またひとつの適用先から他の適用先に拡大展開していく場合は、同様のＳＴＥＰでさらなる効果創出につなげていく。

【本章の用語解説】

＊１　ＲＦＩＤ……Radio Frequency Identification の略。ＩＣと小型アンテナが組み込まれたタグやカード状の媒体から、電波（電磁波）を用いて内蔵したメモリのデータを非接触で読み書きする情報媒体のこと。ユビキタス社会の実現、高度情報サービスのツールとして期待される自動認識技術のひとつ。

第4章

デジタル化による
アフターサービス改革

4-1

グローバルでの製造業の競争環境変化とアフターサービス価値の向上

市場成熟化による成長鈍化で重視されるアフターサービス

高度経済成長期は、モノをつくれば売れる時代であった。そのため、日本の生産財メーカーは革新的な製品を開発し、品質のより高いモノを製造・販売することを繰り返すことで成長できた。しかし、近年では市場が成熟し、高機能・高品質の製品を製造・販売するだけでは成長が困難になりつつある。

従来、新興国メーカーの製品は、安価な人件費を活用した労働集約型産業のもとで生産され、低価格ではあるが、機能や品質が劣ることが多かった。しかし、新興国でも工業化が進展し、技術水準が向上するにしたがって、新興国メーカーによる製品の高機能化・高性能化が進んでいる。市場成熟化に伴う成長鈍化に加え、世界規模でのコモディティ化によって日本の生産財メーカーにとって競争環境はますます厳しくなっている【図4-1】。

生産財ユーザーのニーズは、単に生産財を購入して活用することではなく、生産財を活用することで自社事業の収益を向上させることである。製品の高機能化や高品質化が次々

図4-1　市場と競争環境の変化

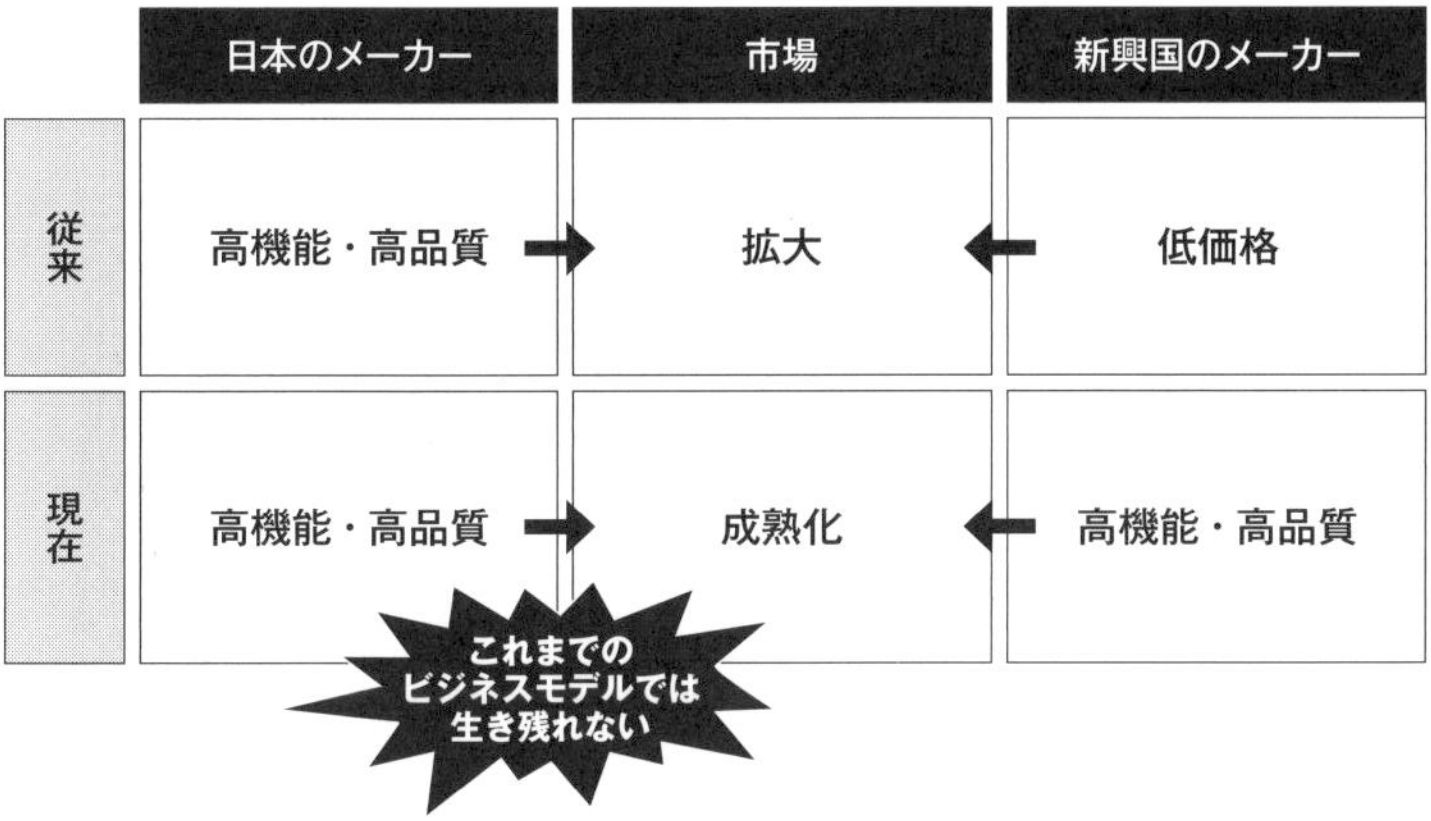

と進む製品ライフサイクル上の成長期までは、生産財ユーザーにとって新たなニーズを満たす製品が次々に世に送り出されてきたため、そのような製品を購入することが高い満足度につながっていた。だが、市場が成熟期に入ると製品の革新は少なくなる。しかし、生産財ユーザーは自社事業の成長を目指すことに変わりないため、購買判断基準は製品そのものから自社事業の収益向上を目的として、生産財の安定稼働や利用価値向上などのサービス面にシフトしていくことになる。

以上のように、成熟期である現在の市場環境では、生産財メーカーは従来型の製品販売事業への対策を迫られている一方で、生産財ユーザーは質の高いサービス提供を求めていることから、生産財メーカーにとって、サービス事業の重要性が高まっている。

図4-2　機械等修理業売上高の推移

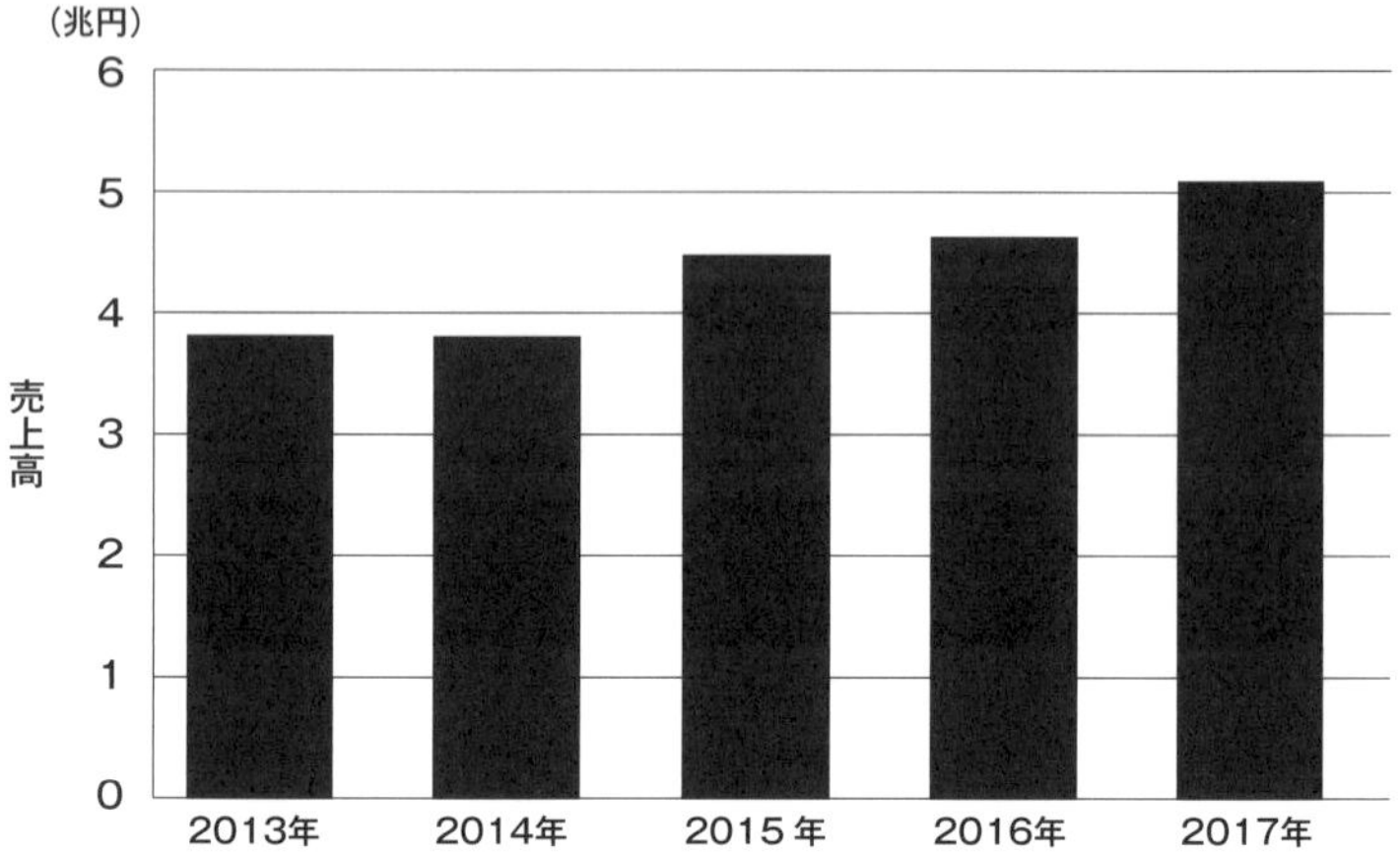

出所：総務省（サービス産業動向調査）より、機械等修理業の売上高を集計

　ユーザーが求めるサービス事業の構築を目指すにあたり、アフターサービスはサービス事業のなかでもすでに実施している企業も多く、ユーザーが求める新たなアフターサービスの構築は、ゼロから新サービスを構築するのに比べて取り組みやすいことから実現もしやすい。

　アフターサービス市場の規模も拡大傾向にある【図4-2】。アフターサービスは生産財メーカーにとって、ユーザーとの関係性の強化や競合企業への対策強化という面でも価値が大きい。ユーザーに最適なアフターサービスを提供するには、個々のユーザーを理解することが必要不可欠だ。ユーザーを理解した最適なサービスはユーザーの満足度を高めるとともにに信頼を獲得し、さらなるユーザーの理解および深化したサービスの提供という継続的な関係性につながっていく。競合企業に対する大きな差別化要素かつ障壁になるともいえる。

4-2

アフターサービス改革を支える「製品ライフサイクル管理」とその期待効果

初期段階から刈り取る効果を明確化する

一般的なアフターサービスは、ユーザーから修理の申し込みを受けたのちに、メーカーや代理店の担当者がユーザーの要望を確認したり、ユーザーが使用している製品の状態を確認したりしたうえで修理を行なうユーザー起点のサービスである。ユーザーによる申し込みから修理の完了までに、故障した原因の特定、製品情報などを踏まえた必要な修理作業の確認、当該ユーザーの製品で以前実施した保守履歴の調査、必要な部品の手配などのさまざまな要因によって、ユーザーの想定以上に時間がかかることも多い。このようなアフターサービスでは、ユーザーの最低限のニーズしか満たせない。

製品を活用して事業を営むユーザーにとって、故障による製品の稼働停止や過大なメンテナンスコストは事業収益の悪化を意味する。ユーザーにとって価値の高いアフターサービスとは、製品の稼働時間を最大化するとともに、メンテナンスコストを最小化できるものだ。つまり、メーカーはユーザーの製品を故障させないようにしながら、故障を防止する整備や故障した場合の修理を最短で完了できなければならない。そのためには、ユーザーによる製品の使い方や製品の稼働状態、製品の位置などの製品状態を表す「機械制御系情報」によってユーザーの製品状態の的確な把握が求められる。これに製品情報や保守履歴情報、障害情報、技術情報といった製造・販売・保守などの、これまでの業務でも必要となる「ビジネス系情報」を組み合わせて活用することで、製品の状態に対して実施すべき整備・修理作業や必要となる部品の把握が可能となる。

ユーザーによる製品の使い方に原因がある場合は、これまでの顧客接点履歴情報などを確認したうえで、当該ユーザーに対して改善策の提案ができる。ただし、製品ライフサイクル情報である機械制御系情報やビジネス系情報は単に収集・蓄積するのではなく、製品個体ごとに紐づけて管理しなければならない。

また、機械制御系情報は、アフターサービス担当者がユーザーを訪問して収集するのではなく、M2Mによって遠隔かつリアルタイムに取得することで、ユーザーの製品の状態を常時把握することが求められる。さらに製品個体ごとに一元管理したこれらの製品ライフサイクル情報を、アフターサービス業務で活用するための分析・加工を行なうことで初めて、ユーザーにとっての価値を生む。

製品ライフサイクル情報を活用したアフターサービスに関する取り組みは、ユーザーの

図4-3　製品ライフサイクル情報の管理と期待効果

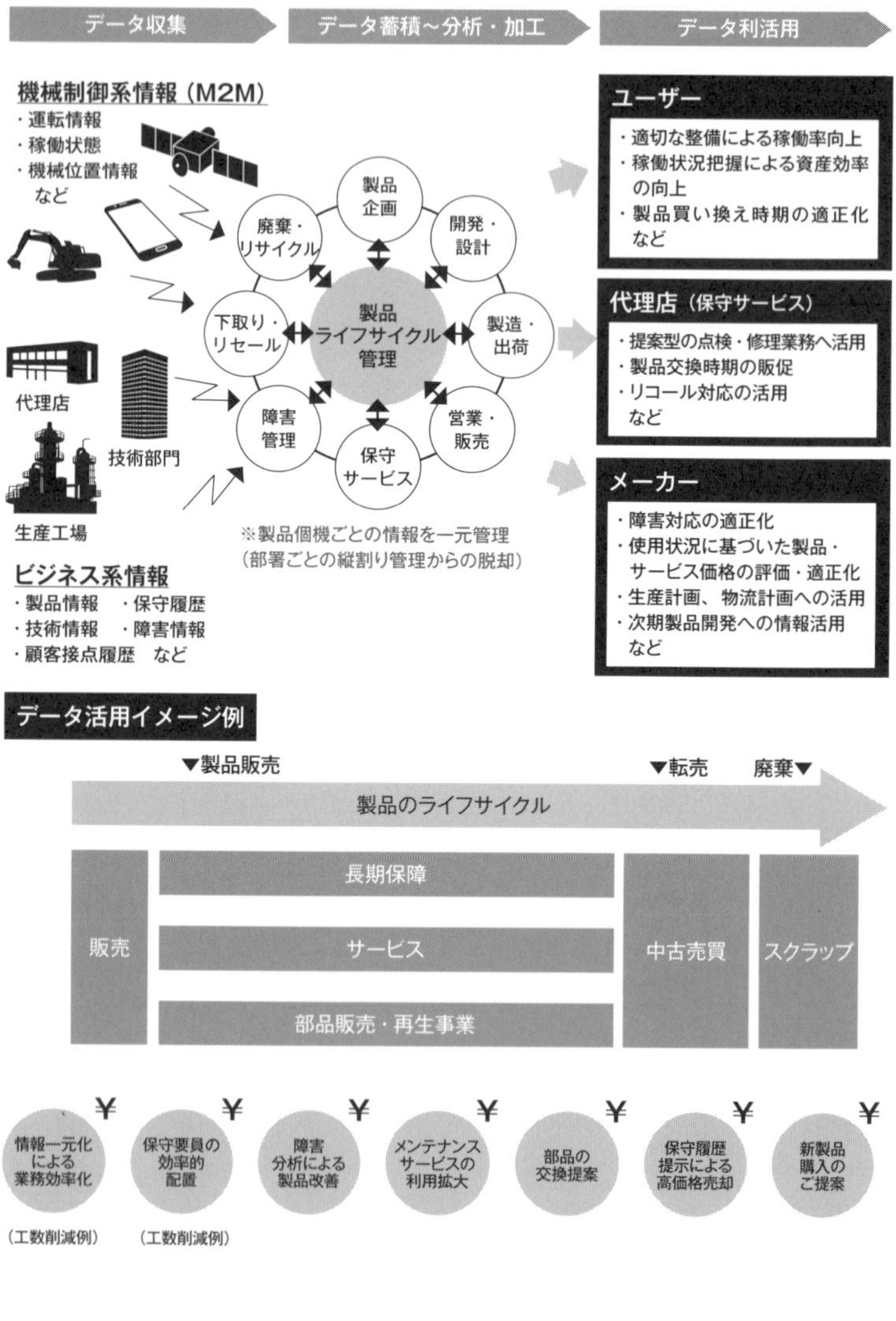

図 4-4　期待効果の実現時期

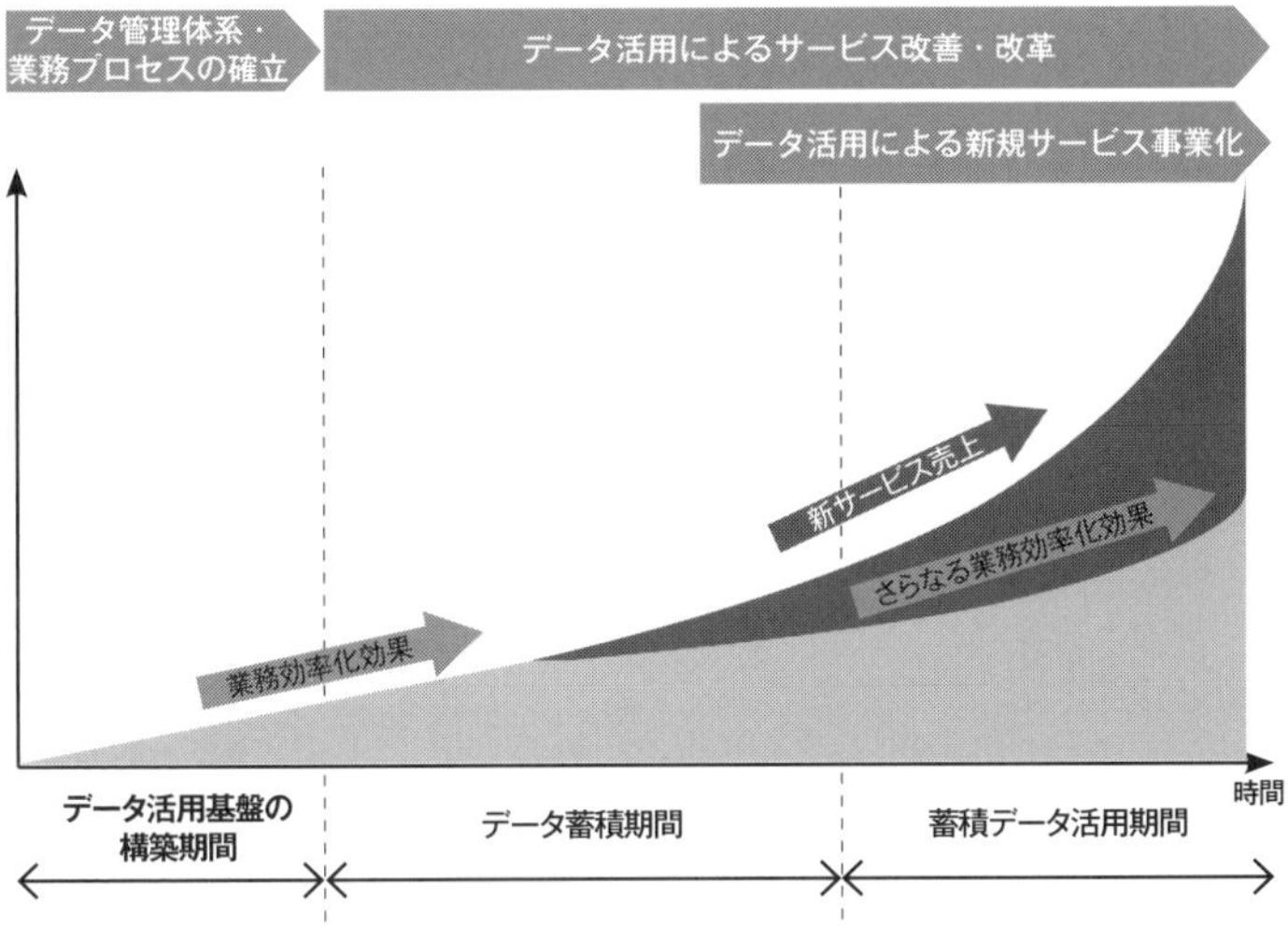

製品稼働時間の最大化という効果だけでなく、メーカーや代理店のアフターサービス担当者のサービス成約率の向上やサービス人員計画の最適化、部品在庫の適正化、メーカーの障害対応の適正化や使用状況に基づいた製品・サービスの開発など、製品販売後（ユーザーにとっては製品購入後）からユーザーによる製品の転売・廃棄までの期間で多くの効果が期待できる【図4-3】。

取り組みの効果は、蓄積されるデータが増えるにつれて大きくなるが、効果を得られるまでには時間を要する。計画途中で頓挫しないためには、初めから中長期的なビジョンを持ち、初期段階で刈り取る効果を明確化することが必要だ。

たとえば、データを収集・蓄積するための基盤構築期間では、基盤構築のための調査や検討のなかで認識した業務上の問題点に対し、システム改修を伴わず容易に取り組めるレベルで改善を行なう。また、データ蓄積期間では、製品ライフサイクル情報が一元管理されたデータ活用基盤を利用して、同一情報の異なるシステムへの二重登録の廃止や、同一製品に関する製品情報や市場品質情報などの複数情報の同一システムでの確認ができるようになる。このように取り組みの初期段階から業務効率化効果の刈り取りが可能である。

さらに、その後のデータ蓄積期間後半から蓄積データ活用期間では、新規サービスの事業化などによって売上アップを目指していくことになる。しかし、このサービス事業化にあたっては、一般的に従業員数を増やさずに新たな業務に取り組まなければならない。そのため、データ蓄積期間・蓄積データ活用期間においても引き続き、業務効率化の効果創出・拡大が必要である。【図4–4】。

4-3

ユースケースを活用したアフターサービス改革

日立建機が行なったデジタル化のユースケース

ここでは、日立グループに属する日立建機株式会社のデジタル化の取り組みを紹介する。同社は、建設機械・運搬機械および環境関連製品などの製造・販売・レンタル・アフターサービスを行なう企業で、海外売上高比率は79・9％（2018年3月期実績）に達し、185を超える国・地域で建設機械の管理・保全のサポートサービス「Global e-Service」を運用している。このGlobal e-Serviceでは、製品ライフサイクル情報として、機械情報（製品情報、保守履歴、稼働状況、位置情報）、ドキュメント情報（マニュアル、カタログ、技術資料）、サービス情報（障害情報、問い合わせ情報、市場品質情報）などを建設機械とのM2M通信およびシステム連携によって収集し、一元的に管理している。収集・管理した情報は、アフターサービスでの活用だけでなく、ユーザー向け、代理店向け、メーカー向けなどの利用者に応じたアプリケーションを通じて提供しており、その数はシステム管理者向けを含めて約90件にのぼる。

Global e-Serviceの導入前は、電話でユーザーから製品の状態を聞き、実際に点検してみないと対策が打てない従来型のアフターサービスを行なっていた。しかし、建設機械市場も成熟期にあり、製品自体の差別化は難しく、個々のユーザーに適したアフターサービスが求められる状況だった。

そこで、2000年ごろから国内において、通信端末およびセンサーを搭載して稼働時間や異常の有無、位置情報などを遠隔で把握できる製品の販売を始めた。2005年からは、それぞれの建設機械の機械系制御情報だけでなく、関連するビジネス系情報を一括管理できるGlobal e-Serviceの運用を始めるとともに、2006年からは建設機械への通信端末の搭載を標準化した。その後はモバイル通信の普及を背景に、情報収集・蓄積の仕方を進化させ、3回のアップグレードを経て現在に至る。

これらを活用した新たなアフターサービスでは、次のような業務とそれを支えるアプリケーション機能によって、提案型予防活動を実現している【図4-5】。

①データ分析

保守履歴情報や建設機械に搭載した通信端末から遠隔で取得した機械稼働情報や、これまでの保守履歴情報などから、間もなく点検・整備が必要になる建設機械を選定する。

図4-5　提案型予防活動の仕組み

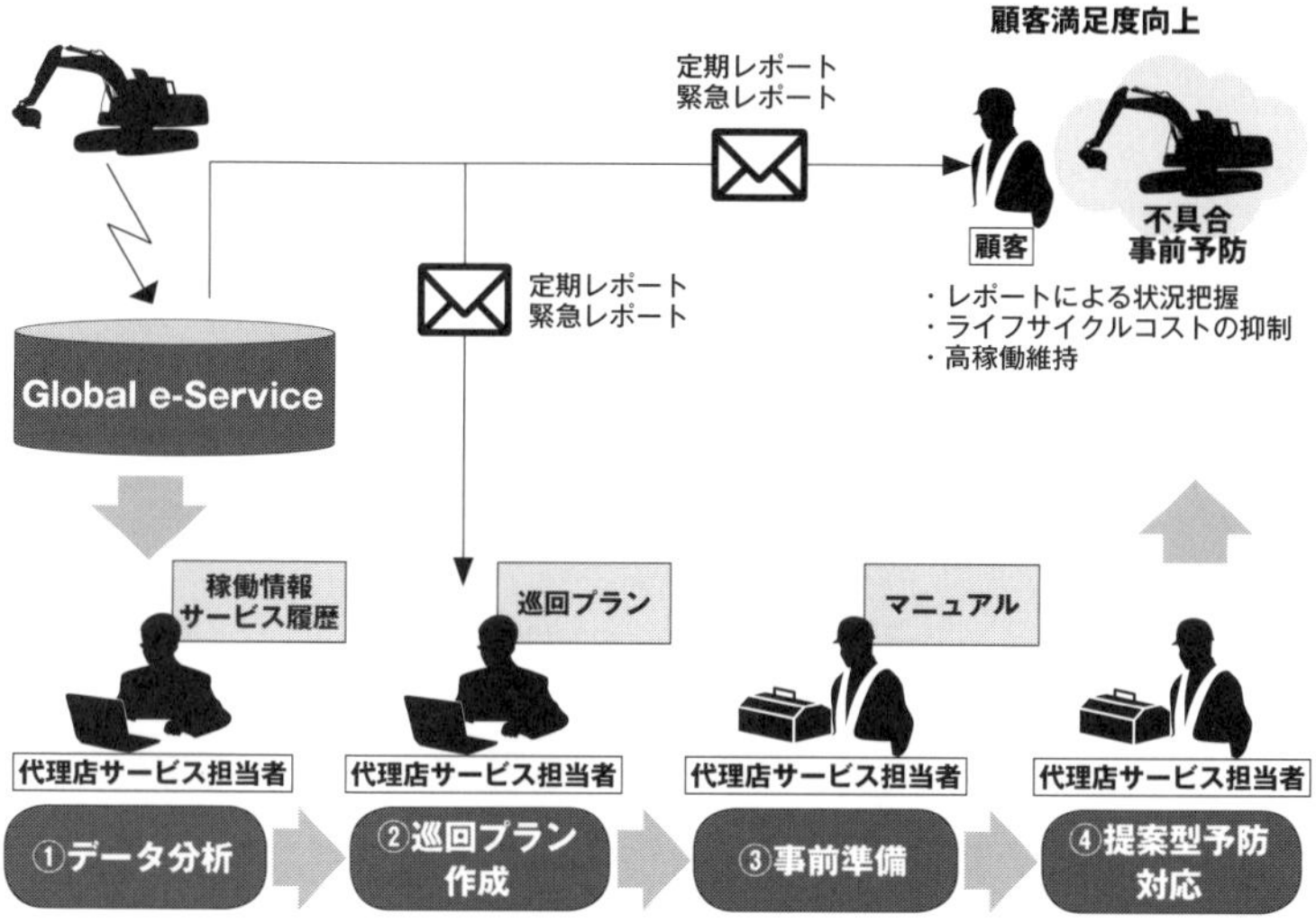

②巡回プラン作成

Global e-Serviceから自動配信される緊急性のあるアラーム通知（機械の突発的な故障につながるような緊急性の高い変化が発生した場合に配信する緊急レポート）とデータ分析結果に基づき、サービス担当者による巡回の対象となる機械を選定する。また、M2Mによって遠隔で取得している建設機械の位置情報から巡回経路を確認し、巡回プランを作成する。

③事前準備

アラーム通知の内容や分析結果を踏まえて、サービスマニュアルを確認し、実施すべき作業内容を把握する。また、実施する作業内容をもとに、必要となる工具や部品の手配・確保を行なう。

④提案型予防対応

ユーザーに対して、データを用いた客観的な提案により、不具合予兆の根拠、発生時のリスク、予防整備の必要性を説明する。ユーザーの理解を得られた場合は、最小限のメンテナンスコストでダウンタイムを最小化するための予防整備を実施する。また、事前準備を行なうことで、ユーザーへの訪問回数や訪問後の手戻り（例：部品を取りに、サービス拠点へ戻ること）を最小化する。

日立建機ではこのような仕組みによって、機械の稼働率を向上させるとともに、メンテナンスコストを低減させることで、ユーザーのニーズに応えてきた。実際に、ユーザーに先回りして「こういった問題はないですか」と確認すると、「どうしてわかったのですか」と驚かれることもあるという。ユーザーがよりよい状態で製品を使用できるようになったことで、売上アップや顧客満足につながっているとのことだ。

しかし、新たな取り組みである提案型予防活動は、すぐに定着したわけではなく、導入から一定期間経過後も活用度合いは営業所によって大きなバラツキがあった。そこで、Global e-Serviceを効果的に活用するために、これまでの効果と今後のポテンシャル効果を可視化し、関係部署・関係者の意欲を高める取り組みを行なっている。たとえば、アフターサービスの提案ヒット率（受注件数／提案実施件数）について、従来型営業スタイルの場合と、製品ライフサイクル情報を活用した提案型予防活動の場合で比較した。この比較によって、製品ライフサイクル情報活用のほうがヒット率が高いことが定量的に明らかになった。この結果を活用し、提案型予防活動の定量的な効果を各営業所に伝えるとともに、提案型予防活動を実施するために必要な知識や手順の共有を行なっている。

日立建機のユースケースを活用した事例

A社は、機械および保守部品を製造している企業で、製品の販売やアフターサービスは代理店が担っている。A社では製品販売後のアフターサービス領域の経営課題として、ユーザーの囲い込みによる収益向上や、無償修理対応に関する費用の削減、リコールの削減、アフターサービス業務の効率化などが挙げられていた。

一方、A社の競合であるB社は、ユーザーによる製品の使い方や製品の稼働情報を踏まえた部品交換のタイミングを案内するレポートを提供するというユーザーの状況に即したアフターサービスを実施することで、ユーザーの囲い込みを図るなど、従来型のアフターサービスを実施しているA社の一歩先のサービスを展開していた。

B社に後れをとっていたA社では、製品の稼働情報や位置情報を遠隔で取得するための通信端末を標準搭載する計画が推進中であった。このような状況を踏まえ、新たなビジネスモデルを構築するための私たちのコンサルティングノウハウや、ユースケースとしての日立建機の取り組みを活用し、A社のプロジェクト体制に私たちが参画するかたちで、提案型予防活動の実現を目指す次のような取り組みを行なった。

①基本方針の決定

A社は、自社の状況と競合企業の状況を踏まえて経営課題の解決策を検討するなかで、日立建機の取り組みをユースケースとした提案型予防活動によって、ユーザーの囲い込みによる収益向上や無償修理対応に関する費用の削減を目指すことを決定した。また、提案型予防活動には機械制御系情報を中心とした製品ライフサイクル情報が必要であるが、さまざまなデータの利活用を今後の競争優位性とする事業戦略を踏まえ、ビジネス系情報も含めて、製品の製造番号を軸とした一元的なデータ基盤の構築を行なうことにした。

一般的な業務改革プロジェクトでも、業務の効率化や意思決定の迅速化などの課題を解決するために現状業務とその問題点を調査したうえで業務のあるべき姿を描くが、このあるべき姿は、改革対象業務の実務担当者や管理者が日常の業務で認識している問題や要望に基づく課題の解決策を現状業務に反映したものにとどまることがほとんどだ。そのため、提案型予防活動のような新規性のある業務と、それを支えるシステムなどのあり方に関する検討には至らないことが多い。

それに対し、基本方針の検討段階からユースケースを参考にし、先進的な課題解決策を会社として決定することは、意思決定の早期化や期待効果の拡大などの観点から非常に有効である。

②業務プロセスの設計

A社が製造する製品は、定期的な検査が義務づけられており、代理店のアフターサービス担当者は、この検査の受注を目的として、ユーザーへの提案活動を実施している。また、製品が故障した際は、ユーザーからの修理の申し込みを受けて修理を行なっている。

A社のアフターサービスは従来型のもので、検討のもととなる提案型予防活動を実施していないため、デジタル化による新たな提案型予防活動の業務プロセスを設計することは非常に難しい。

一方で、定期検査提案はアフターサービス担当者にとって重要な業務であり、また、提案型予防活動と同様にユーザーへの提案活動である。そのため、定期検査提案の業務をベースに、日立建機の提案型予防活動の業務プロセスを付加することで、A社は提案型予防活動の業務プロセスを設計した。これにより定期検査提案と併せて提案型予防活動を実施することで、定期検査の受注率向上と単価向上ならびに不具合発生時の無償修理対応に関する費用の削減を目指した。

このように、実績のある業務プロセスを活用すれば、これまでに提案型予防活動を行なっていなくても重要な要素を抜け漏れなく効率的に設計することが容易になる。このとき設計する業務プロセスは概略レベルのもので構わない。実行可能なレベルの詳細な業務要件は、A社の実務担当者を交えて別途検討する必要がある。

③データ収集・蓄積環境の改善ポイントの整理

A社では、製品ライフサイクルに関する製品情報、保守履歴情報、障害情報などの各情報が、業務領域ごとに管理されており、製造番号を軸として、それらの情報を一元的に管理する仕組みが存在していなかった。そのため、提案型予防活動に必要となる不具合の予兆検知の分析ができなかったり、アフターサービス担当者の業務負荷が高くなったりする状況であった。

一方で、新たな提案型予防活動で必要になるデータやその管理方法を一から整備することは、試行錯誤の取り組みになり、精緻化されるまでにかなりの時間を要すると考えられた。そのため、ユースケースを活用した本改革では、日立建機の提案型予防活動の一連の業務上で必要となる主要データを一覧化した問診表を作成し、それに対するA社のデータ収集状況の調査を実施した。さらに、収集済・未収集の双方を含む調査結果を、設計した業務プロセスに沿ってフロー化することで、業務プロセスごとに不足しているデータおよびその管理の仕組みの可視化を行なった。

このように、提案型予防活動に向けたデータ収集・蓄積環境の改善ポイントを効率的に整理することが可能である。

④ポテンシャル効果の算出

デジタル化による提案型予防活動の実現には、新規の業務・システムの仕組みの構築が必要なことや、データ基盤構築のための投資額が大きくなること、設計開発部門から販売部門・サポート部門まで関連部署が多いことなどから、全社横断的な取り組みが必要とされる。一方で、全社横断的な取り組みにするには、期待される効果や責任の役割分担を会社として決定し、関係部署と早期に合意することが望まれる。

この事例では、ユースケースで得られている効果や、効果の可視化の取り組みをもとに、A社における収益向上と無償修理対応費用の削減のポテンシャル効果の算出、製品ライフサイクル情報の一元管理による業務効率化などの定性的な効果の整理を短期間で実施した。このようにユースケースを活用して想定され得るポテンシャル効果を整理することで、会社としての意思決定や関連部署との合意形成を早期に行なうことが可能となる。

日立建機では、デジタル化の取り組みを10年超にわたって独自に検討し、推進してきた一方で、A社ではユースケースを活用した検討を行なったため、検討開始から約2年半でシステムのリリースを迎えることができた。A社では現在、提案型予防活動のさらなる高度化と、さまざまな経営課題の解決に向けて、今回構築したデータ基盤を活用した新たな業務およびサービスの検討が行なわれている。

以上のように、ユースケース活用のメリットは主に以下の3点である。

❶経営課題に対し、従来では認識が困難だった課題を取り入れた新たな実現方針を策定できる。

❷実現による期待効果とそれに必要な課題をあらかじめ明確にできるため、組織横断型の推進組織による最終的な効果刈り取りまでの短期〜長期の計画策定や、目指す姿や責任に関する関連

部署との合意形成ができる。

❸新たな仕組みを実現するうえで、必要となる業務プロセスやデータ利活用のためのデータ収集・蓄積のシステム環境などについて重要な要素を抜け漏れなく検討し、対策を打てる。

アフターサービス改革においては、特に❷および❸が重要な要素である。次節では、第1章で述べた6つの壁を考慮した整備事項の観点から、その説明を行なう。

4-4

アフターサービス改革の実現に必要な整備事項

長期的な準備が求められるアフターサービス改革

デジタル化に向けた阻害要因として、6つの「導入の壁」を第1章で紹介した。デジタル化によるアフターサービス改革の実現に向けて、いずれも解決しなければならない要素である。

アフターサービス改革は、従来型のユーザー起点のサービス提供から、ユーザーの状況を踏まえた能動的なサービス提供へ変革させるものであるため、生産財メーカーによる取り組みが必要であることは当然だが、それだけでは完結せず、ユーザーが使用している製品からの情報取得や実際にアフターサービスを担当する代理店などとの連携が必要である。また、提案型予防活動の期待効果を実現するまでに一定の時間を要することから、アフターサービス改革の関連者の視点を考慮した中長期的な取り組みの計画を立てることが求められる。

これらの点を考慮すると、6つの導入の壁のなかでも「①システム環境の壁」「④会社・

組織の壁」「⑥運用上の壁」への対応が特に重要になる【図4―6】。

①システム環境の壁

販売後の稼働製品からデータを取得する仕組みは、製品の開発段階で検討することが多い。また、ユーザーが購入した製品から取得するデータを変更しようとすると、ユーザーの手元にある製品のセンサーや通信端末の仕組み、データを蓄積しているデータ基盤の変更が必要になることもある。そのため、あとから取得するデータ項目を追加したり、データ取得のタイミングを変更したりすることは難しい。同時に、不具合の予兆検知の精度向上にあたり、蓄積データ量を多くすることが求められるため、早い段階でビジネス系情報を含めた取得すべきデータを明らかにして、蓄積を進めることが重要である。

④会社・組織の壁

製品の製造番号を軸とした製品ライフサイクル情報の一元管理にあたっては、各情報を管理する設計開発部門、製造部門、品質保証部門、販売部門、サービス部門（代理店を含む）などとの連携が必要である。また、不具合の予兆検知のための分析においては、設計開発部門や製造部門の業務上のノウハウが欠かせない。さらに、分析結果の活用は、品質

図 4-6　「導入の壁」の内容

1・システム環境の壁：デジタル化に必要な IT の構成要素

デジタル化に必要な IT 基盤が整備されていることが必要になる。

1- ①：データの収集・蓄積・分析・活用の仕組みの導入
製品の稼働状況などのデータを収集・蓄積・分析・活用するための仕組みを、既存システムの仕組みに組み込み、連携する必要がある。そのための製品の監視・コントロールや現場への情報提供の仕組みも必要となる。

1- ②：既存システムにおけるデータ分断の排除
デジタル化によって全体最適を目指すには、製品から取得される稼働情報などに加え、生産・販売・保守などの既存の基幹システムで管理されているデータと連携して、データを利活用することが必要になる。

4・会社・組織の壁：組織間（企業内、企業間）のコンフリクトの調整

デジタル化によって業務の最適化を図るためには、企業内の組織間および企業間での業務面でのルール整備が必要になる。

4- ①：全体最適に向けた企業内でのルールづくり
従来縦割りで活動している企業内組織のなかで、データを共有し、全体最適に向けて、意思決定の権限に制約を加えるためには、企業内でのルールづくりが必要になる。

4- ②：Win-Win の関係をつくるための企業間のルールづくり
利益が背反する可能性のある企業間でデータを共有して Win-Win の関係をつくるには、データのセキュリティー管理や利益の裁定のための調整など、企業間のルールづくりが必要になる。

6・運用上の壁：業務プロセスの改革と継続的改善

デジタル化の狙いを実現するうえで、分析の精度や人間のデータ活用スキルを継続的に改善していくために、業務プロセスに PDCA を組み込むことが必要であり、そのための新たな役割や業務を設計し、実行することが必要になる。

6- ①：分析モデルの継続的改善、精度向上
デジタル化における分析モデルは、初めから最適化されているものではなく、データの蓄積を受けて、段階的に精度を上げていく。そのため、継続的な分析や改善のための役割や業務が必要になる。

6- ②：データ分析を組み込んだ業務プロセスの設計と定着・改善
分析結果を受けて、設備設定や業務手順を継続的に判断・評価して見直し、改善していく役割や業務が必要になる。

保証部門の検証も必要になる。ところが、各部署がそれぞれ別々にデジタル化の取り組みを行なうと、全体最適の仕組みにならない、もしくは提案型予防活動が実現しない可能性がある。そのため、会社としての組織横断型の推進体制の整備が求められる。

⑥運用上の壁

提案型予防活動の実務を担う代理店などのアフターサービス担当者は、現状業務の遂行で逼迫《ひっぱく》していることが多く、新規業務への抵抗感などが存在するため、分析結果を活用した業務プロセスを設計しても、実行してもらえないことも多い。業務が実行されないと、分析モデルの改善・精度向上や業務プロセスの改善は困難になってしまう。新たなアフターサービスの運用開始当初から精度が高く、実務担当者にとっても実施しやすく価値のある業務プロセスを設計し、定着させる必要がある。

ここで紹介した「導入の壁」への対応方法として、ユースケースをベースとした検討を行なうこと、またはさまざまなユースケースの課題を一般化した整備事項をベースとした検討をすることで、重要な要素を抜け漏れなく確実に整備できる。

4-5

将来的に目指すべきアフターサービスの方向とは？

デジタル化を活用してアフターサービスのエコシステムを構築する

ユーザーのニーズや自社の戦略を踏まえて、どのようなアフターサービスを提供するかの決定権はメーカーが持っている。しかし、メーカーからどのようなアフターサービスを受けるか、どこから部品を購入するか、誰にメンテナンスを依頼するかの決定権はユーザーが持っている。現在は、従来型のユーザー起点のアフターサービスから提案型予防活動へのシフトが実現しつつあるが、将来的には、ユーザーが製品の状態を正しく把握したうえで、メンテナンスの品質、金額、納期の観点から、どこでメンテナンスを実施するかを判断できる環境が望まれるだろう。

このような環境の実現には、製品の状態や必要なメンテナンス情報に加えて、代理店や協力工場、町工場などのさまざまなメンテナンス工場ごとの品質、金額、納期に関する情報をユーザーに提供し、ユーザーからの支持を得るために各メンテナンス工場がサービス品質を向上できるデジタル化を活用したアフターサービスのエコシステムの整備が望まれる。エコシステムのプラットフォームの整備主体は現時点では不透明だが、将来に備えてメーカーは一元的に管理された製品ライフサイクル情報を活用した業務効率化や、大量の製品稼働情報に基づく不具合の予兆分析などのメーカーとしての優位性がある取り組みに早期に着手し、実現を目指すことが重要であろう。

第5章

ＲＰＡを活用して業務改革を成功させるポイント

5-1

人間が行なう業務を代替・補完するＲＰＡ

大きな期待が寄せられているＲＰＡ

「働き方改革」が叫ばれるなか、多くの企業は労働生産性向上や将来の労働力不足への対応に迫られている。それを実現するうえで今最も注目されている技術がＲＰＡである。人間が行なう業務を代替・補完することから、デジタル・レイバー（仮想知的労働者）ともいわれている。

ＲＰＡは、ＰＣ画面上で人間が行なう作業（入力・照合・加工など）を記録し、自動で実行する仕組みである。これまで人間がしてきた大量の伝票処理業務や情報収集・集計業務などを自動化することで、人間がする業務をより高付加価値の業務へシフトさせることができる。24時間３６５日稼働し続けることができ、突発的な業務変動にも対応できることから、その効果は絶大である。業務の生産性・効率性の向上として注目されるが、人間の能力では不可能な膨大なデータを高速・高品質で処理ができるため、新たな価値を生み出す業務を創造し、トップライン向上にも貢献する。

図 5-1 RPA の全体像

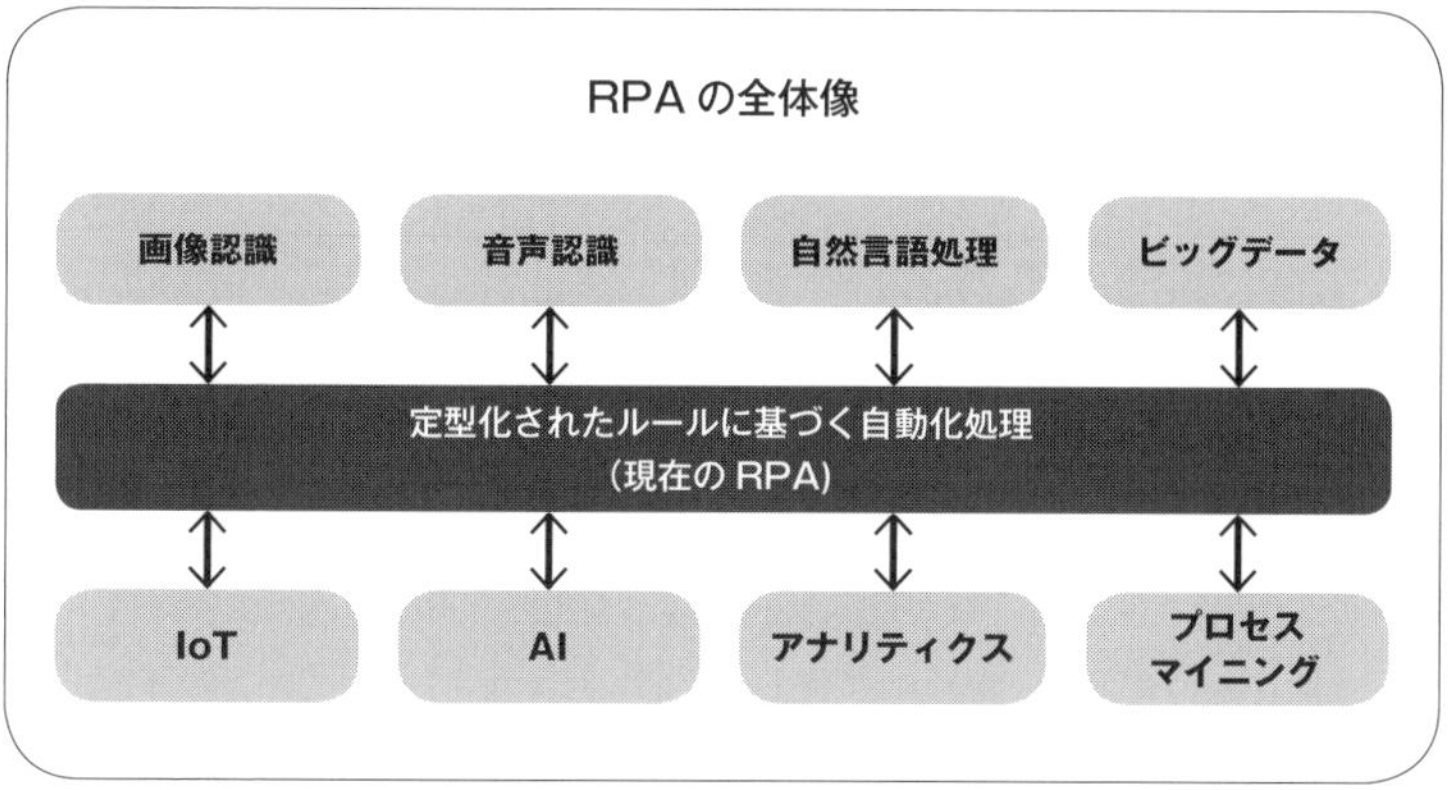

RPAができることとは？

RPAは、特定のシステムを指すのではなく、AIやプロセスマイニングなどのテクノロジーを組み合わせた複合的な仕組みである【図5－1】。

RPAの発展段階は、「定型業務の自動化（第1段階）」「非定型業務の自動化（第2段階）」「高度な自律化（第3段階）」の3段階に分けられる【図5－2】。現状は、基幹システムへの伝票入力処理や固定帳票の照合業務、複数システムからの情報収集・加工など「定型業務の自動化」を中心に広がりを見せている。

「非定型業務の自動化」についても音声認識やテキストマイニング、自然言語処理などの技術を組み合わせ、音声などの非構造化データを認識することで、コールセンターでの自動応答など一部業

図 5-2　RPA の発展段階

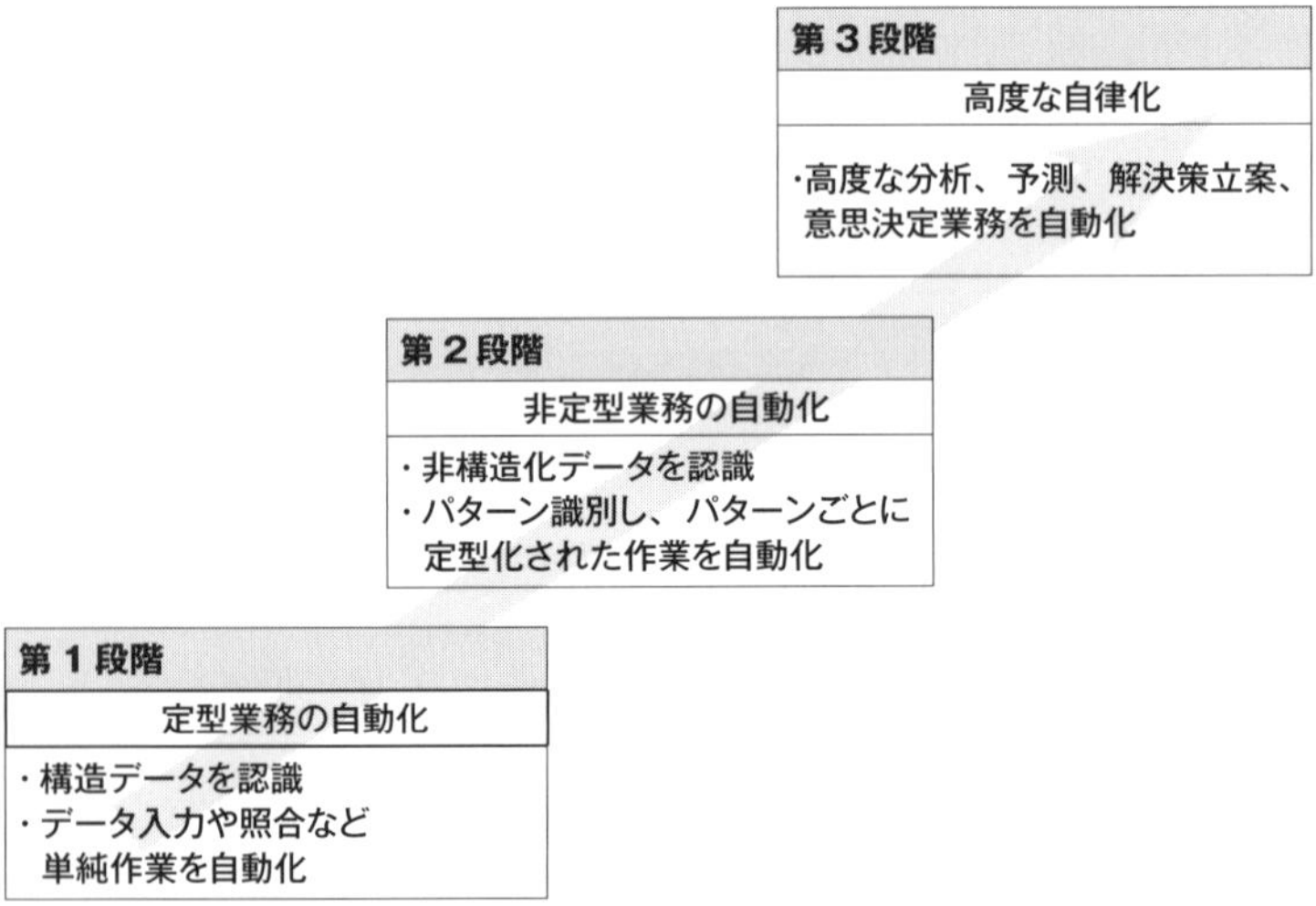
第 3 段階
高度な自律化
・高度な分析、予測、解決策立案、意思決定業務を自動化
第 2 段階
非定型業務の自動化
・非構造化データを認識
・パターン識別し、パターンごとに定型化された作業を自動化
第 1 段階
定型業務の自動化
・構造データを認識
・データ入力や照合など単純作業を自動化

務で試行されている。

今後の技術進歩により、代替される業務範囲がさらに拡大し、予測、意思決定業務、報告書作成など人間のみが対応可能とされていた高度な業務を行なえるようになるだろう。

5-2

RPAに対する4つの誤解

RPAに過剰な期待をしてはいけない

ＲＰＡに対する認知度は高く、あらゆる業種・業務で検討・導入されているが、誤解されていることも多い。ＲＰＡ導入プロジェクトを推進するうえで見られる主な誤解は、次の４つである。

①すぐにロボット化できる

簡易的な業務用のロボットであれば1週間程度で作製できるが、ロボット作製の前に現状業務の見える化が必要であることの重要性はあまり理解されていない。

定常的に業務改善を行なう文化が根づいている企業であれば、業務フローや業務マニュアル・手順書などが整備されているため、ロボット化の検討およびロボット作製に着手できるスピードも速いが、業務が属人化していたり、マニュアル・手順書は存在しているものの最新化されていない場合などは、ロボット化を検討する事前準備として現行業務の調査・整理が必要となる。ロボット作製よりも業務の見える化にかかる工数のほうが多いのが実情である。

②ロボット化すれば効果が出る

各企業でRPAの導入展開が進み、多くのロボットが稼働しているが、現行業務プロセスのまま一部の業務処理を対象にこま切れのロボットをたくさん作製しているケースが見られる。一部の業務処理のロボット化でも現状よりは負担が減るため、現場担当者はそこで満足してしまいがちだ。抜本的に業務の流れを見直すことで、より効果的に導入できる場合でも、その段階まで至らないケースが多く見受けられる。また、同一の業務を複数の拠点で行なっている場合に、ある特定の拠点をモデルにロボット化したが、実際はそれぞれの拠点で業務手順や帳票フォーマットが異なり、全社展開できないケースもある。

現行業務のまま、また各部門独自のやり方のまま個別にロボット化を推進してしまうと、期待したほど効果を上げられない結果に終わる場合が多い。RPAの効果を最大化するには、業務そのもののやり方を再検討し、ロボット化の対象を見極めることが重要になる。また、業務特性や費用対効果などを考慮せずに、本来は基幹システムのカスタマイズや他ツールで実施したほうがいいものもRPAで実装しているケースも見られる。

③業務部門だけで進められる

ＲＰＡは、従来のシステムに比べるとユーザーライクな操作性を備えており、適切なトレーニングを積めば、ＩＴの専門家でなくてもロボットを作製できるものも多い。実際にロボット化の対象となる業務は各業務部門で日々行なっているＰＣ画面操作であるため、ロボット化のスピードを阻害したくないこともあり、ＲＰＡの導入・活用を各業務部門に任せてしまうケースが見受けられる。

しかし、各業務部門がそれぞれ独自にロボット化を推進すると、ロボット化のスピードは速いのだが、全社視点で考えるべきセキュリティー管理やロボットリソース管理、ＲＰＡ操作対象システムの負荷の考慮などが行なえなくなってしまう。

反対に、ＩＴ部門などの特定部門のみで導入を進めると、各業務部門のニーズに合わないロボットが作製されたり、ＩＴ部門以外では活用が難しいロボットになるなど、導入が進まなくなる事態が起こりがちだ。そうならないためにも業務部門とＩＴ部門が連携し、ロボット化を迅速に進めながら適切な統制がとれる活用・管理体制の構築が必要となる。

④ロボット作製後は手がかからない

ロボットの仕様を検討し、作製・導入するところまでは検討に時間を割くが、その後の継続的な維持・管理について十分に検討されないことが多い。業務プロセス・ルールの見直し時やＲＰＡ操作対象システム更改時、不具合発生時に迅速かつ的確に対応できるよう各部門の役割分担をはじめとした活用・管理ルールの作成・浸透が必要となる。また、ＲＰＡの全社展開を促すために、各部門で稼働しているロボットの作製・運用の知見を蓄積・共有することも必要となる。一度、ロボットをつくれば終わりではなく、その後のメンテナンスなどにも相応の手間がかかるということだ。その認識がなければ、ＲＰＡを導入しても理想的な効果を生み出すことは難しくなる。

5-3 RPAによる業務デジタル化を成功させる5つのポイント

RPA導入を成功させる5つのポイント

RPAを活用して真に効果を創出するためには、RPAというツール特有のポイントを押さえる必要がある。RPA導入を成功させる5つのポイントについて以下で説明する。

①導入目的の明確化・共有

RPAは短期間で導入でき、効果が出やすいため、全社展開後の業務イメージや将来構想などが十分に検討・共有されないまま導入を開始してしまう場合がある。RPAによって何を実現したいのかを明確化し、関係者間で共有したうえで検討を開始する必要がある。

《目的に応じた進め方》

RPAの導入目的はコスト削減、品質向上などさまざまだが、それらを明確にしたうえで、適切なスコープ設定と優先順位付け、推進アプローチをとる必要がある。

コスト削減の場合は、現状負荷のかかっている業務がRPA適用候補として選定される。

品質向上とした場合は、RPAを適用する候補業務を選定する視点が変わり、現状は人が数件のサンプリングチェックをしているだけで、さほど負荷がかかっていないが、本来は全件チェックが必要となるような業務（経費不正利用チェックなど）が対象に含まれる。

《現場の理解》

RPAによる業務デジタル改革を全社に浸透させるには、現場の業務部門を巻き込んだ活動が必要になるため、そもそもRPAとはどのようなもので、現場の業務がどのように変わっていくのか、変えようとしているのかを丁寧に説明する必要がある。現場には長年続けてきた業務を変えることに抵抗があったり、ロボットに仕事を奪われると考える人もいる。現場の協力体制を築くためには、RPAで定型業務を自動化し、これまで手が回っていなかったより高付加価値の業務や新規ビジネスの創出にシフトしてほしいといった、会社としての方向性・メッセージを明確に伝える必要がある。

反対に、RPAに対してなんでも自動化できるなどの過度な期待を持たれている場合は、「できること」「できないこと」を説明し、期待値をコントロールすることも必要である。

②推進体制の確立

RPAのスムーズな導入展開と継続的な効果創出のためには、全体計画の策定・管理、業務プロセスの横串管理、ロボット作製、全社へのロボット展開、環境構築、保守・運用などさまざまな業務機能が必要となるため、ＲＰＡ推進の専門チームを設置することが望ましい。

《関連部門の役割分担》

ＲＰＡの全社展開を推進する部門や情報システム部門、ＲＰＡを活用する各業務部門とで適切な役割分担を行ない、連携体制を確立する必要がある。ＲＰＡ管理体制のタイプは大別すると、以下の３つがあり、それぞれに特徴がある【図５－３】。

- **集中管理型**
- **共同管理型**
- **現場管理型**

集中管理型は、特定の専門組織による統制のと

図 5-3　主な RPA 管理タイプ

	集中管理型	共同管理型	現場管理型
概要	RPA 管理部門（IT 部門など）でロボットを集中管理・開発し、業務部門は活用のみ	ある一定のルールを設けてユーザ部門に一部ロボット作製権限を委譲	ロボット作製の全権限を業務部門に委譲 各業務部門で個別にロボット作製・活用

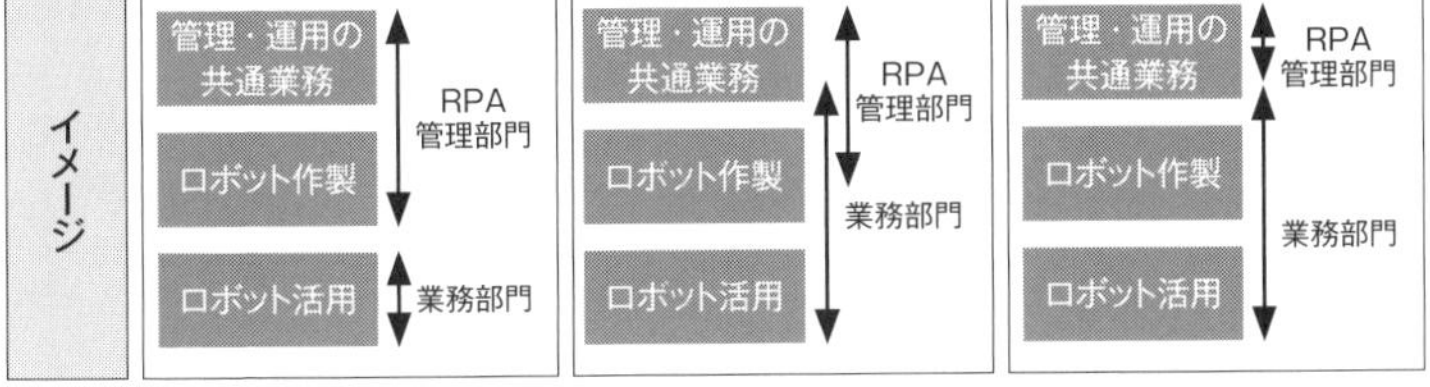

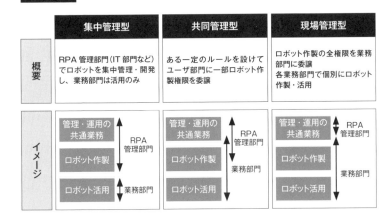

れた高いサービス品質を実現できるが、ロボット活用部門と作製部門の分離により、ロボット作製・改修のスピード低下やそれに伴うコスト増加が懸念される。

現場管理型は、ロボットの作製・活用が業務部門内で完結されるため、迅速なロボット作製が可能となるが、ブラックボックス化しやすくセキュリティー面もおざなりになりやすい。また、ロボット活用ノウハウの他組織・他業務への展開・共有も難しくなる。

共同管理型は、一定のロボット作製・活用ルールを定めて、業務部門にも一部のロボット作製を可能とするのだが、各部門の細かな業務をユーザー判断でロボット化可能なため、適用範囲が広くスピードも速い。ただし、RPA管理部門と業務部門の役割分担・ルールが煩雑化するため、しっかりルールを守らせるためには、ユーザーへの教育や定期的なモニタリングが必要となる。情報システム部のミッションや業務部門のITリテラシーなどを考慮し、適切なパターンを選択したい。

《ロボット作製の内製化》

これまでのシステム開発は、RFP（提案依頼書）を作成してから、さらに要件定義・基本設計で仕様を固めてシステム開発に着手するウォーターフォール型が一般的であった。しかしRPAでは、まずはロボットを作製して、そこからトライ&エラーでロボットの精度を高めていくアジャイル型で進められる。

ＲＰＡ導入の初期段階では、早期にロボット化するためにロボット作製に外部ベンダーを活用することも多いが、一度作製・導入したロボットの改修をタイムリーに行なうためには、自社内でもロボット作製を担える人材を育成することが求められる。ほんの小さな改修を行なうにも外部リソースを活用しなければいけないとなると、ＲＰＡの特徴である柔軟性とスピードが損なわれてしまうからだ。育成に必要な期間は選定するＲＰＡツールによっても異なるが、プログラミング経験者であれば比較的短期間で習得可能である。そうでない場合は、平均して3カ月〜半年近くかけて計画的に外部ベンダーからＯＪＴを受けるケースが多い。

③適切な環境構築

ＲＰＡは業務部門主導で導入の検討やＰｏＣをスタートすることが多いが、本番導入となると、サーバー構築やネットワーク環境の整備、セキュリティー対策などは業務部門だけでは対応できない。検討の初期段階から情報システム部門と連携し、全社展開をスムーズに行なえる拡張性や信頼性、保守性などを兼ね備えたツール選定・インフラ構築が必要となる。

《自社環境に適応したＲＰＡツール選定》

国内外合わせると約40種類のRPAツールが存在する。ツールは「縦軸：ロボット作製方式」「横軸：ロボット管理方式」の2軸で分類されることが多い【図5-4】が、それぞれのツールに特徴がある。ツールを選定する際の主な視点は4つある。

❶システム、アプリケーションとの親和性

最も重要なのが、各種業務で使用するシステム、アプリケーションをRPAが操作できるかである。特定部門・業務でPoCを実施することが多いが、のちのちの全社展開を踏まえてツール選定時に全社の標準システム、アプリケーションに対する入力・実行・出力などの基本操作に対する動作検証を実施し、親和性を確認する必要がある。現在では各

図5-4　RPAツールタイプ

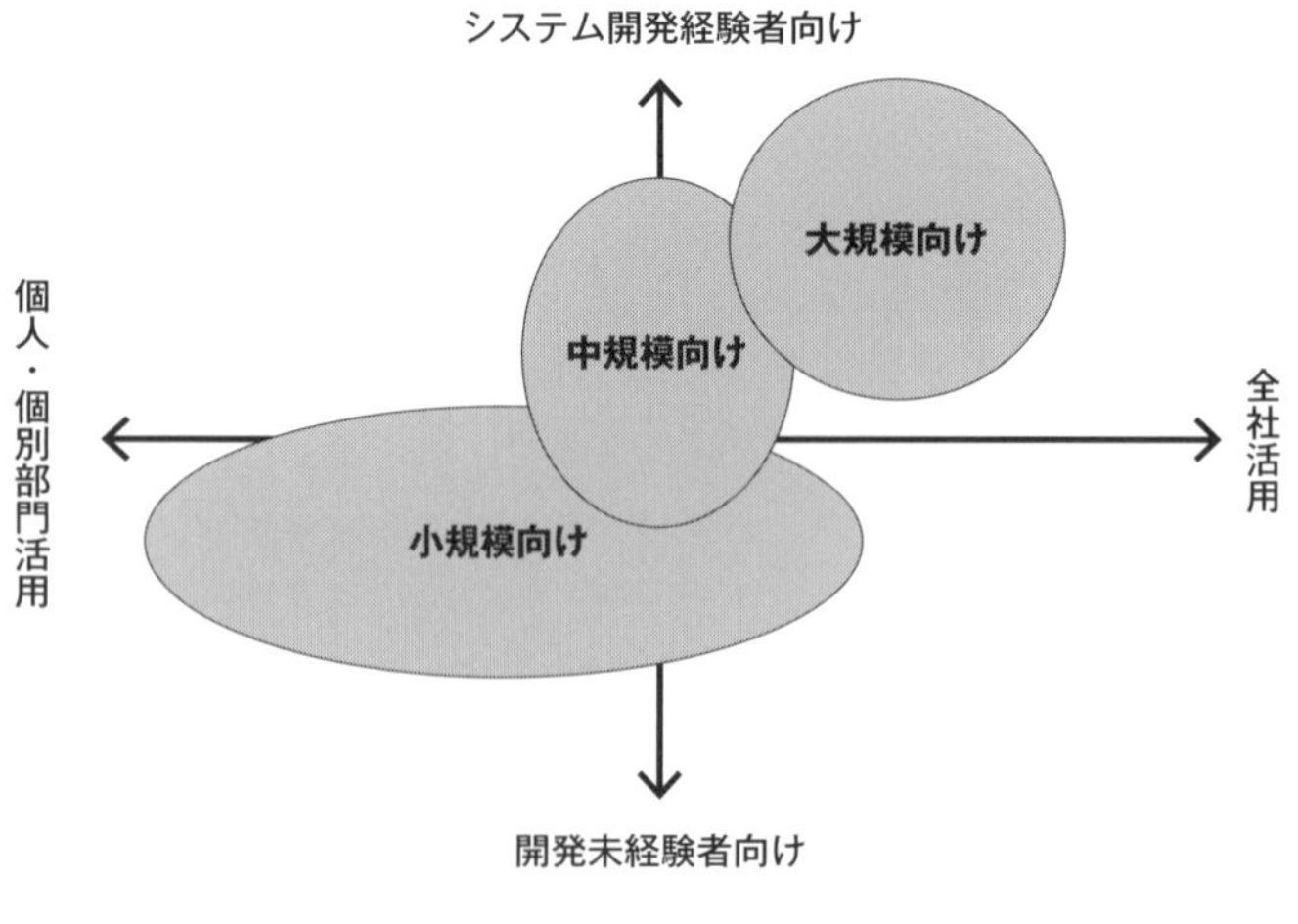

ツールともＧＵＩ[1]（グラフィカル・ユーザー・インターフェイス）操作再現技術として、Ｗｅｂ構文解析、画面オブジェクト認識、画像認識、座標認識などを備えている。各方式を組み合わせれば、おおよそのことは実現可能だが、ツールによって得手不得手があるため必ず確認しておきたい。

❷ロボット作製の生産性・メンテナンス性

ロボット作製方式としてフローチャート型とスクリプト型がある【図5-5】。これらの方式自体は慣れてしまえば大きな違いはない。重要となるのは自社のロボット作製要員に合った操作性やロボットの部品化機能、レコーディング機能（人の操作を記録してロボットを自動生成してくれる機能）などである。処理を部品化し、別のロボットに再利用することで、類似業務の場合は一部の追加だけで別の業務も自動化できるほか、画面変更など一部の処理変更の際に当該部品の変

図5-5　ロボット作製方式

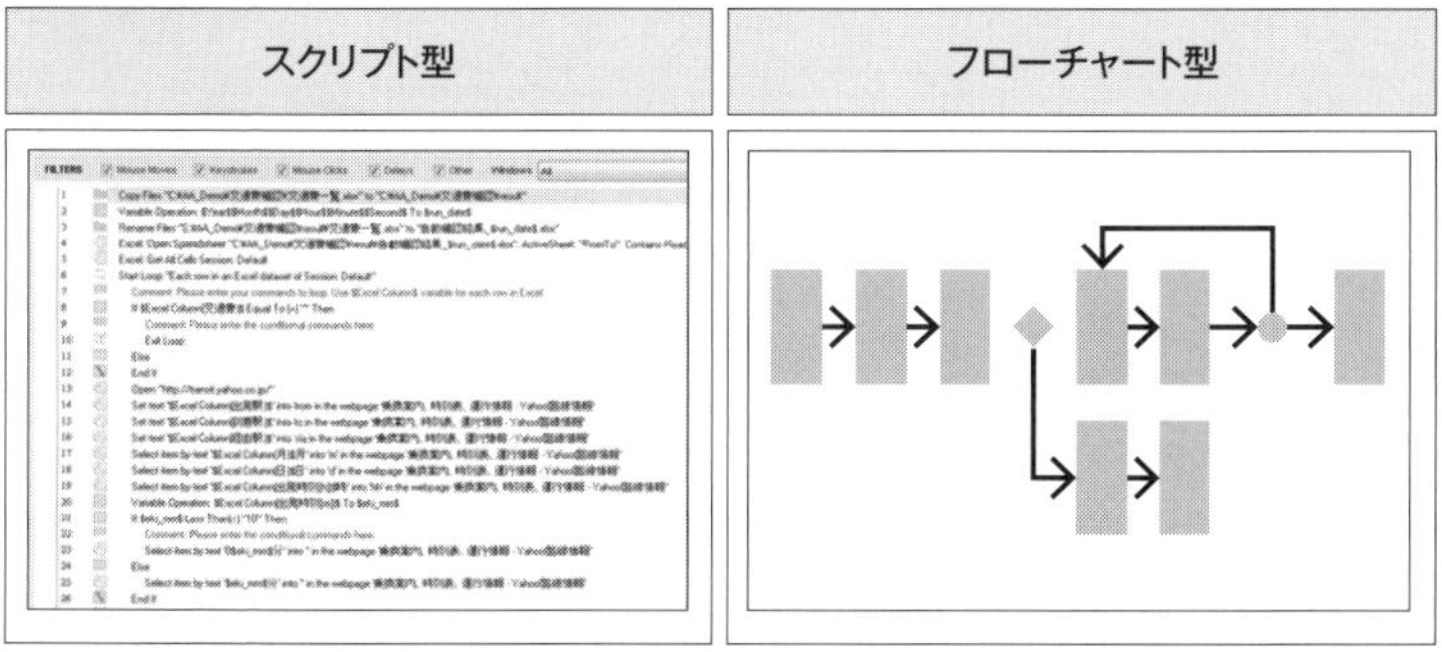

更だけで対応できる。同じ作製方式でもツールごとに特徴があるため、ＰｏＣや試行版の利用を通じて実画面を確認したうえで選定してほしい。

作製方式は慣れてしまえば大きな違いがないと説明したが、業務部門（プログラム未経験者）にロボット作製権限を与える場合は、ツール選定時に業務部門でのロボット作製のしやすさも考慮する必要がある。

なお、ＲＰＡツールは必ずひとつに統一しなければならないわけではなく、利用部門・利用シーンに応じて複数ツールを併用する場合も多い。

❸ロボットの管理機能

ＲＰＡツールには、「サーバー型」と「クライアント型」の2種類が存在する。違いはロボットの全体管理機能である。

クライアント型は各個人のＰＣのなかでロボットを作製・実行できる手軽さはあるが、単体で独立稼働しているため、どのような処理が行なわれているか一元管理できない。

サーバー型は各部門でどのようなロボットが作製・稼働しているかを一元的に把握でき、全社共有でロボットを利用できるだけでなく、ロボットへのアクセス権限の管理や実行ログの管理なども行なえる。全社横断でＲＰＡの活用・管理をしたい場合は、「サーバー型」が望ましい。

❹信頼性・将来性

ツール自体の信頼性はもちろんだが、アフターフォローが充実しているベンダーからツール提供を受けたい。また、将来的にＲＰＡの適用領域を拡大する際には、ＲＰＡの第2段階以降を実現する画像認識技術や音声認識技術、自然言語処理、ＡＩなどとの連携は必須になるため、これらのソリューションとの連携実績なども考慮する。

④業務の可視化・見直し

業務をロボット化することは、業務を可視化することである。人間に業務を教えるのと同じように、例外処理やエラー処理を含めて業務の流れ・ルールを明確化し、ロボットに教え込む必要がある。ロボットは教えたとおりに自動で働くが、非効率な現行業務をそのままロボット化すれば、本質的な意味での改善にならないため、ロボット化以前に業務の最適化を考える必要がある。ただし、業務の見直しに時間をかけすぎてしまうと、従来のシステム開発プロジェクトのスピード感と大差がなくなってしまうので、早期に効果を実感してもらうための短期施策（既存のままＲＰＡを適用できる業務にクイック導入）と大きな効果を狙う中期的な施策（ＲＰＡを契機に業務の仕組みを抜本的に変更）を分けて考え、トライ&エラーで導入を進めたほうがいいだろう。状況によって進め方は若干変わる

図5-6　業務の可視化・見直しの流れ

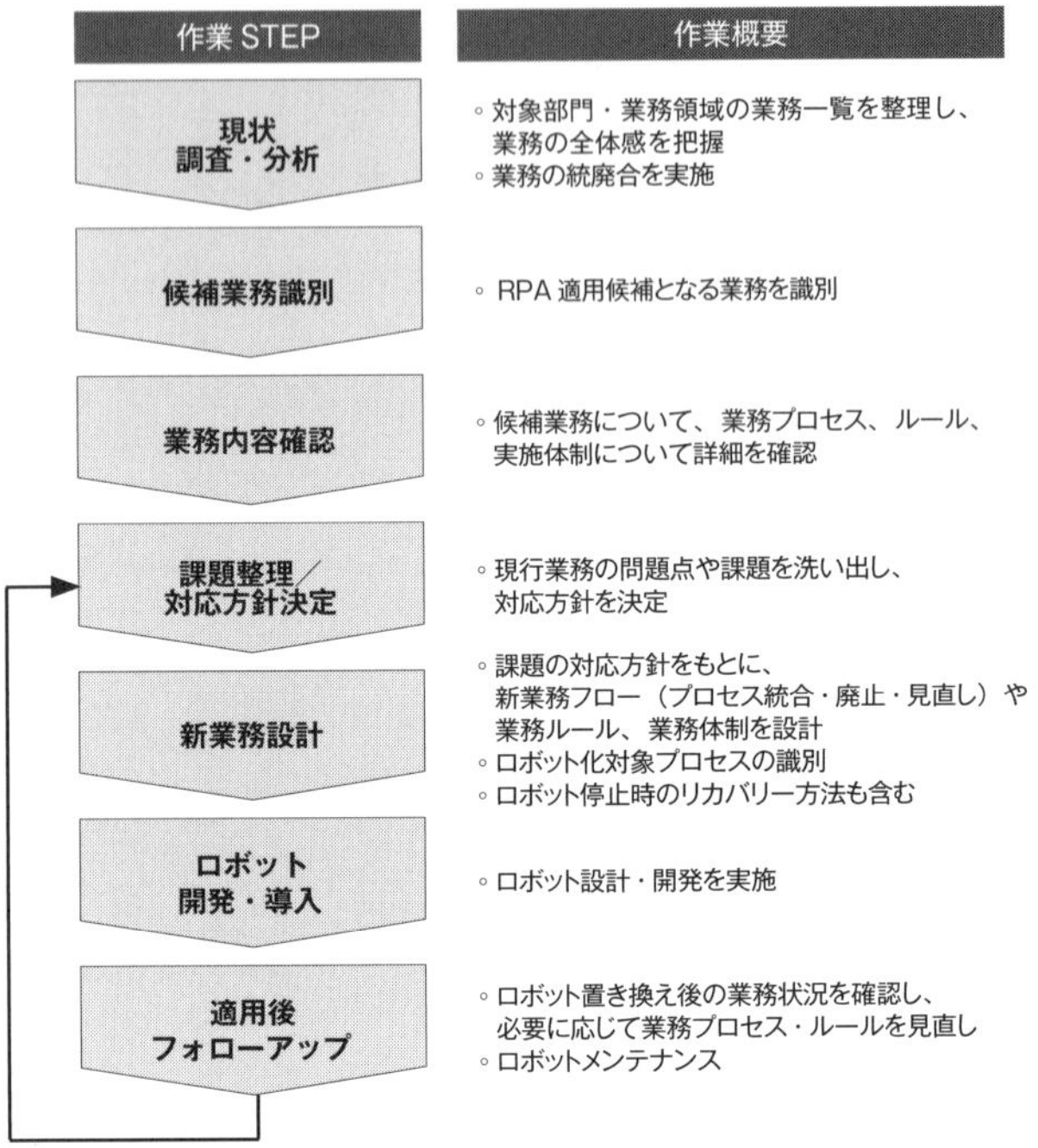

が、業務の可視化・見直しの基本的な流れ【図5-6】に沿って、現行業務の棚卸～業務の統廃合～候補業務選定～新業務設計を実施するといい。現状業務を洗い出した際に、「その業務が本当に必要か」「標準化・効率化が可能か」といった視点で業務の統廃合を行ない、その後にロボット化対象プロセスを選定してほしい。

⑤ガバナンス構築

RPAは従来のシステム

と比べて、比較的容易に導入できるメリットがある。一方で、現場で無秩序にロボットを作製してしまうと、仕様や管理者不明の野良ロボットが多発して、セキュリティー面やシステム全体の運用におけるリスクが高まるおそれがある。

また、一度ロボットを作製すれば完了ではなく、業務ルール変更時や操作対象システムのバージョンアップ時などは、ロボットの仕様を変更する必要がある。継続的に効果を創出するためには、ロボットの企画段階から稼働後の保守・運用に至る一連の業務についてのルール・ガイドラインを作成・徹底することが非常に重要となる。

検討すべき項目は、「ロボット化の判断基準」「ロボット作製・改修権限」「ロボット作製ルール」「既存システムへの影響評価」「ロボットのアクセス権限」「費用負担」「ナレッジ蓄積」「ロボット稼働監視」「障害発生時の対応」「効果のモニタリング」など多岐にわたるが、RPAガバナンス体系【図5–7】に沿って、ポリシーからプロシージャまで順を追った検討を行ないたい。

《ポリシー》

ポリシーとして定義すべき内容は、全社でのRPA活用の基本方針とRPAガバナンスの基本構造（組織・制度）である。RPA導入の目的・狙いや推進体制、活用・管理方針、ロボットの企画～作製～導入・構築～保守・運用にわたる一連のプロセスで必要となるルールと各ルールの概要を定義する。

《スタンダード》

スタンダードとして定義すべき内容は、RPA活用・管理に必要な業務機能の整理と役割分担・責任範囲、企画〜運用にわたる業務の流れ、各種ルールの具体的な遵守事項（要件・基準）である。

ロボットの導入によって既存業務は効率化されるが、ロボットを管理するという新たな業務が発生するため、まずは、RPAを活用・管理するために必要な業務機能を網羅的に洗い出し、誰が何を担うのか、ロボットの責任の所在はどこにあるのかを明確にしておきたい。その後、各種ルールの検討に入るが、たとえば、ロボット開発プロセスで定義すべきルールとして、ロボット作製規則がある。ロ

図5-7　RPAガバナンス体系

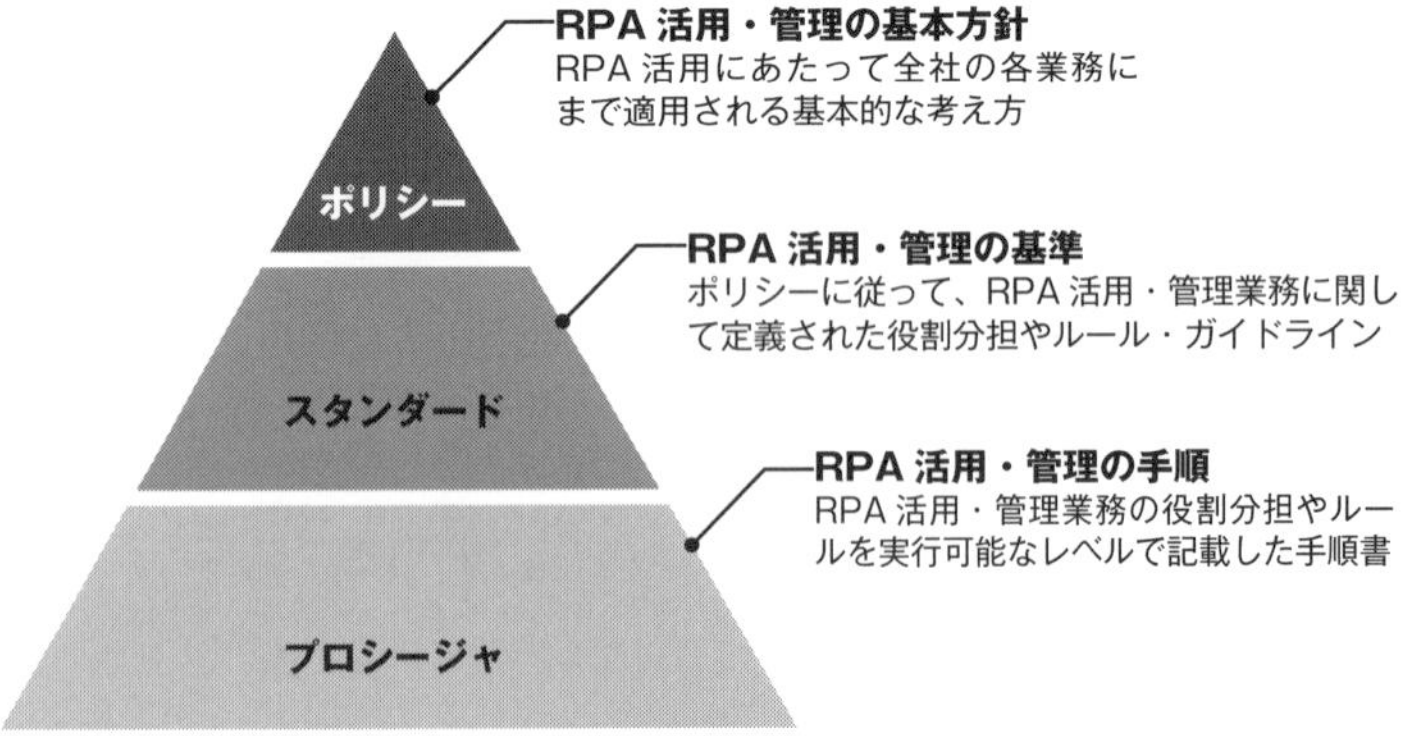

ボット作製規則に盛り込む項目としては、ロボット命名ルール、設計ルール、テスト方法、リリース判定基準などが挙げられる。盛り込む項目を洗い出したあとに、役割分担に応じた具体的な内容を定義していく。

《プロシージャ》

プロシージャとして定義すべき内容は、実務レベルでの詳細な手順や手順のなかで利用するツール、各種帳票テンプレートである。ロボット作製の申請手順・申請フォーマット、ロボット用アカウントの発行手順・パスワード変更手順、障害発生時の問い合わせ先や対応手順などが挙げられる。

導入初期の段階からすべてのルール・手順を明確化することは難しいので、各社の導入展開方法を考慮し、優先度をつけて順次作成を進めていきたい。

5-4

RPAの導入アプローチ

RPAを導入するための4つのSTEP

RPAの導入は、基本的に【図5―8】に挙げたような4つのSTEPで進められる。ただし、まずはRPAの有効性を見るためにPoCからスタートし、PoCの結果を受けて構想策定や全社的な業務調査・選定を行なう場合もあるなど、各社状況に応じて進め方を調整している。

STEP1　構想策定

まずは、RPAの導入目的・狙いや全社導入後のイメージ、管理方針、全体計画などを整理する必要がある。各部門で無秩序に検討がスタートしないように、会社としての方針を明確化し、関係者間の認識を合わせることが必要となる。全体方針を受けて、RPA適用候補業務の選定やPoC実施ツールの絞り込みを実施する。

図5-8　RPA導入アプローチ

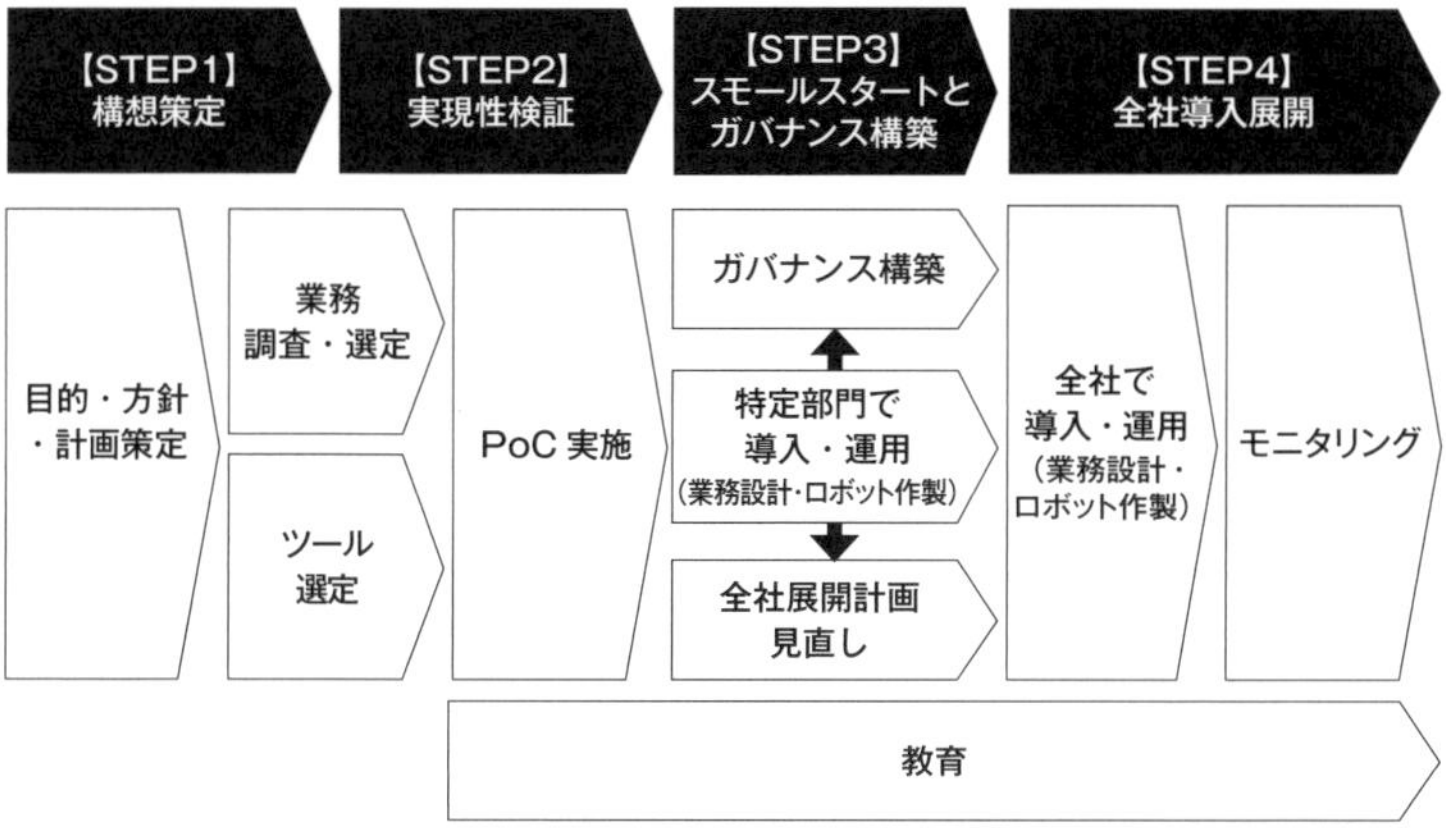

STEP2　実現性検証

PoC実施計画に基づき、RPAツールの自社システム・アプリケーションとの親和性や業務シナリオとの適合性、ロボット作製の生産性・メンテナンス性、効果について検証する。また、OCRやチャットボットなどの関連ツール・ソリューションとの連携性についても評価する。

PoC対象の部門・業務は、RPA導入に肯定的で、実業務に精通した人材の協力を仰げる部門を選定したい。

STEP3　スモールスタートとガバナンス構築

PoC結果を受けて、特定部門・特定業務で本番用のロボット作製・導入を行なうが、導入初期段階では、不測の事態が起こる場合も想定し、業務を完全にロボットに置き換えるのではなく、ロボットと人の処理を併用することが望ましい。

ＰｏＣ時は、全体の業務プロセスのなかの特定の業務処理・業務パターンのみ実施するため、全プロセスを流して実業務で運用してみると、想定していなかったエラーが起こる場合も多い。エラー内容の分析・ロボット改修を行ないながらロボット活用・管理のナレッジ蓄積をしていきたい。なお、本来、ガバナンスルールは本番導入前に体系的に構築すべきだが、特定部門で特定のロボットだけを稼働させるスモールスタート時は、セキュリティー面やロボットのリソース管理や障害時の問い合わせフローなど最低限のルールを定めておくだけでもよい。本番運用後に気づくことも多いため、スモールスタートした部門・担当者の意見も踏まえて、ガバナンスルールや全社展開計画を作成・更新していきたい。

STEP4　全社導入展開

スモールスタートでノウハウを身につけたあとは、優先度に応じてスピーディーに全社展開を行なう。

全社展開後もロボットの稼働状況や効果、各種ルールの遵守状況をモニタリングし、継続的な改善活動を行なうことで、高い効果を生み出していきたい。

継続的な改善活動を行なううえでは、それを担う人材の育成が重要となる。自社内でR

ＰＡを活用した業務デジタル改革の人材を育成する場合は、ロボット作製だけでなく、業務の可視化や見直し・定着化を含めて教育を実施し、業務改革・効率化の文化を根づかせてほしい。

5-5

RPAの導入事例で導入検討から導入後までの流れを見る

ここでは、私たちが支援したRPAを活用した某大手サービス業A社の事例を紹介しよう。

業務効率化を目指して検討されたRPAの導入

2017年、A社は約40の事業所に対して新基幹システムの導入展開を推進していた。新基幹システムには業務効率化のための機能を複数実装していたが、導入を進めるなかで各事業所の声を拾い、さらなる業務効率化を検討していた。現場からの声で最も多かったものが、「商品マスタ登録」に関する業務負荷の高さだった。商品企画書（エクセルベース）をもとに、商品説明、販売期間、料金などをシステムに手動登録する業務である。この業務の負荷は以前から把握しており、新基幹システムでは商品構造を見直し、商品数自体を減らすことで負荷軽減を図っていた。しかし、1件当たりの登録時間は第三者チェック含めて2~3時間かかるため、事業所全体で見ると、年間3万2000時間ほどの工数がかかっていた。この「商品マスタ登録」にRPAが適用できるのではないかということで検

図5-9　PoC実施STEP

【STEP1】システム面の確認	✓対象業務で利用されているシステムを認識し、安定して操作できることを確認する。
【STEP2】業務プロセスの確認	✓業務プロセスの中から人手による操作とRPAによる操作を識別する。 ✓ロボット化を踏まえ、業務プロセスを再設計し、実運用に馴染むか確認する。
【STEP3】想定効果の確認	✓1業務処理当たりのロボット化の効果を算出する。 ✓全社展開した場合に、どの程度の効果が見込めるかを算出する。

討がスタートした。

《PoCで有効性を確認》

実現性と実際の効果検証をするために、PoCを「システム面の確認」「業務プロセスの確認」「想定効果の確認」の3STEP【図5−9】で実施した。

初めにシステム面の確認として、RPAが対象システムの基本操作（ログイン、入力、選択、出力など）を問題なく行なえることを検証した。次に、業務プロセスの確認として、既存業務手順・ルールの整理とロボットへ置き換え可能なプロセスを識別し、試行用ロボットを作製した。ロボットを稼働させ、効果検証をしたところ、商品1件当たり約8割の工数削減が見込まれた。その効果の高さから、すぐに本番適用する流れになった。ＰｏＣを実施した期間は、評価項目設定から検証結果をまとめるまで３カ月程度であった。

《本番適用》

２０１８年度から本番適用に向けた準備を進めているが、商品マスタ登録ロボットの本番展開時に課題となったのが、各事業所で商品企画書のフォーマットや登録手順が異なる点だった。ＰｏＣ時は特定事業所のフォーマットで試行ロボットを作製したが、本番展開時に事業所ごとにロボットを作製してしまうと、ロボット作製工数がかかり、稼働後の運用・保守性も悪くなることが懸念された。ＲＰＡ導入を契機に、本社主導で業務手順とフォーマットの全社標準化を図り、全事業所共通のロボットを作製した。

全社での業務標準化を円滑に行なうために、私たちが現行業務調査〜新業務設計の支援を行なった。

「商品マスタ登録」という負荷の高い象徴的な業務でＲＰＡの本番適用をスモールスタートし、全社的なＲＰＡ活用の機運を高めつつ、並行して他業務へのＲＰＡ適用についても検討を推進し、ＲＰＡ適用候補業務の洗い出しと適用の優先度づけを実施した。私たちは、数百におよぶ業務一覧から全社展開した場合に、どの業務をどの順番でＲＰＡ化すれば最も効果的かをシミュレーションし、ＲＰＡ業務選定・優先度づけを実施した。選定した業務を事業所ごとの独自業務手順のままRPA化してしまうと、限定的な効果しか出ないため、業務の標準化・効率化に向けた取り組みを支援している。

《全社展開に向けたルールづくり》

特定部門・業務でのRPA活用をスタートさせたが、今後の全社展開に向けて、ロボットの活用・管理ルールの整備を進めている。基準となるルールがないまま全社展開すると、各事業所・各部門で無秩序にロボットが作製・実行されてしまい、業務統制やセキュリティー面でリスクを抱えてしまうからだ。スムーズに全社展開できるように、日立コンサルティングから日立グループ内外の事例・ノウハウを提供し、導入展開における考え方や定義すべきルール・ガイドラインの検討を支援している。

【本章の用語解説】

＊1 ＧＵＩ……グラフィカル・ユーザー・インタフェース（Graphical User Interface）の略語。画面上に表示されたアイコンやメニューをマウスなどで操作できるユーザー・インターフェースのこと。パソコンだけでなく、スマートフォンや銀行のＡＴＭなど画面をタッチして操作する端末もＧＵＩのひとつ。

第6章

AI・アナリティクスをビジネスで活用する方法

6-1

AI・アナリティクスのビジネス活用の前に知っておくべきこと

AI・アナリティクスのビジネストレンド

国立社会保障・人口問題研究所によると、2029年には15歳から64歳の生産年齢人口は7000万人まで減少し、65歳以上の人口は3700万人になると予想されており、労働者の確保は今後さらに厳しくなる可能性が高い。労働者が減少するなかでビジネスを維持・拡大するには、人間の業務を極力減らしてシステムに代替させ、業務を効率化することが不可欠だ。AI・アナリティクス技術は急速にデジタル化を加速し、ビジネス環境に変化をもたらしているが、今後はまだデジタル化によるビジネス環境の変化が起きていない業界も巻き込んでこの動きが加速するだろう【図6-1】。

ビジネスの環境の変化に対してスピーディーかつ柔軟に対応するには早めの準備が必要だ。蓄積したデータをAI・アナリティクスで活用するには、準備に膨大な時間がかかる。すでに活用して効果を出している先進的な企業も、何年も前からデータ収集・十分なデータを蓄積し始め、試行錯誤しながらやっと成果を出せるようになったのだ。

図6-1　AI技術の進化の変遷と概念の関係性

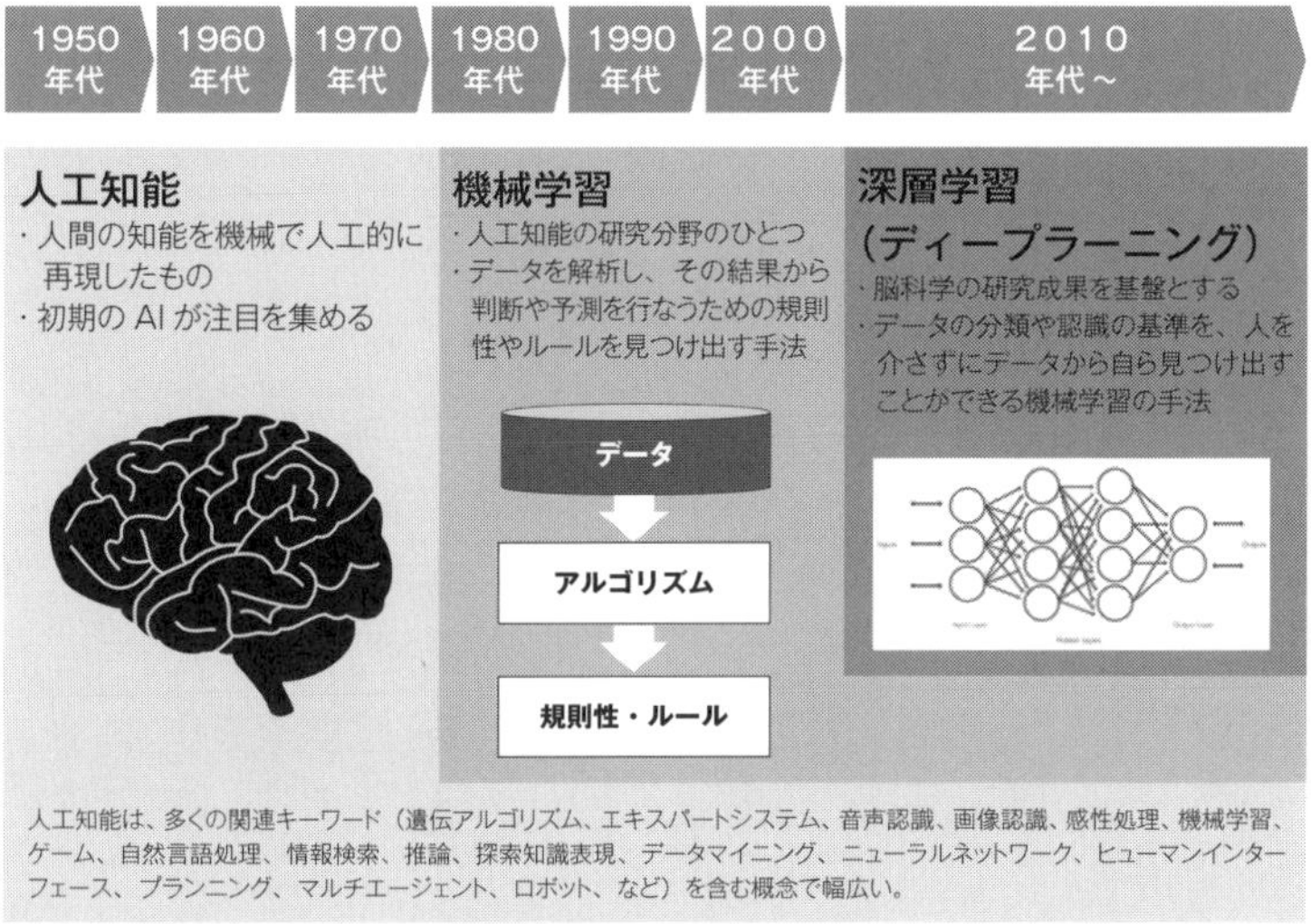
1950 年代
1960 年代
1970 年代
1980 年代
1990 年代
2000 年代
2010 年代～
人工知能
・人間の知能を機械で人工的に再現したもの
・初期のAIが注目を集める
機械学習
・人工知能の研究分野のひとつ
・データを解析し、その結果から判断や予測を行なうための規則性やルールを見つけ出す手法
データ
アルゴリズム
規則性・ルール
深層学習
（ディープラーニング）
・脳科学の研究成果を基盤とする
・データの分類や認識の基準を、人を介さずにデータから自ら見つけ出すことができる機械学習の手法
人工知能は、多くの関連キーワード（遺伝アルゴリズム、エキスパートシステム、音声認識、画像認識、感性処理、機械学習、ゲーム、自然言語処理、情報検索、推論、探索知識表現、データマイニング、ニューラルネットワーク、ヒューマンインターフェース、プランニング、マルチエージェント、ロボット、など）を含む概念で幅広い。

ＡＩ・アナリティクスの活用によるビジネスの高度化には、中長期にわたる着実な検討・推進が必要だ。これからＡＩ・アナリティクスのビジネス活用を始めようとしている企業や、まだ始めたばかりの段階の企業は、将来における活用目的を明確にして、着実に実行可能なスケジュール、ロードマップを策定したうえで、プロジェクトを推進することが理想的な結果への近道になる。

ところが、実際のビジネスの現場では変化の激しさから混乱が生じている場合が多い。

「自社のＡＩ・アナリティクスの取り組みを考えろ」

唐突に幹部層からこのような指示をされた実務担当者が、「今まで考えたこともないテーマを前にどうすればいいのかがわからない」と困り果てて、私たちに相談しにくるケースは多い。かつての「ＩｏＴ」ブームでも、ライバル企業が「ＩｏＴ」に関する取り組みを始めていることを知った経営陣が焦燥感から慌てて検討の開始を指示し、それにより現場が大混乱する——といったことは起こっていた。

なお、本章ではＡＩの定義が明確に定まっていないため、「ＡＩ」と機械学習・統計解析も含めた取り組みを「アナリティクス」として定義し、これらをまとめて「ＡＩ・アナリティクス」と表現する。

現時点では、ＡＩ・アナリティクスの将来性については未知数な部分が多く、実務で本当に活用できるのか不透明な部分もある。しかし、すでに囲碁のプロ棋士にＡＩ（アルファ碁）が勝ち、自動車が街中の自動運転走行実験でかなりの距離数をこなすなど確実に技術は進歩しており、一昔前では考えられなかったことが実現している。

さらに近い将来、ＡＩが人から多くの仕事を奪うのではないかという予測が話題になったことで、ＡＩがこれまでのビジネスの仕組みを変えるかもしれないと強く認識され始めている。こうした世の中の流れが鮮明になることで、先進的な取り組みに消極的だった企業でさえも来たるべきＡＩ時代に対応しようと動き始めており、すでに製造業ではＡＩ・

図 6-2　AI 技術の分類と活用例

	用途	事例
言語を扱う AI	・文章を読み込み、構文を解析する（自然言語解析、形態素解析） ・意味のある文章を生成する	・人と AI による小説の共同創作 ・フェイスブックの人工知能は、文章や動画の内容を理解して最適なコンテンツをユーザーに届ける ・女子高校生 AI「りんな」による会話
画像を扱う AI	・画像や映像内に存在するものを認識する（コンピュータ・ビジョン） ・画像や映像を加工、生成する	・リクルートによる、不適切画像（エロ・グロ）の検出 ・早大が技術開発した、人工知能で白黒写真をカラーにする技術
音声を扱う AI	・音声を認識して文章に変換する ・音楽や音声を認識してアクションをする ・音楽や音声を加工・出力する	・各種 AI アシスタント・スピーカー ・グーグルは、人工知能によって音楽・芸術・映像などを生成する新たな試みをスタートすることを発表
制御を扱う AI	・自動車や機械の制御 ・家電や設備の制御（IoT）	・各種自動車会社・IT 企業による自動運転の開発 ・各種 IoT の活用による、生産現場の変革
最適化や推論を扱う AI	・検索エンジンの結果やネット掲載広告の最適化 ・囲碁や将棋やコンピュータゲームの攻略 ・複雑な最適化問題の解決 ※単体で利用されるとともに、あらゆる人工知能のバックエンドに存在	・グーグルの AI 技術を使った囲碁を打つコンピュータシステム「アルファ碁」 ・グーグル DeepMind の人工知能が 3D 迷路を「視覚」で自力攻略

アナリティクス活用に向けた動きが活発化している【図6−2】。

たとえば、トヨタ自動車はディープラーニングの研究と開発で高い技術力を持つスタートアップ企業のプリファード・ネットワークスに100億円規模の出資をしている。また、日立製作所とファナック、プリファード・ネットワークスの3社は、産業・社会インフラ分野におけるインテリジェント・エッジ・システムの共同開発を目指す合弁会社「インテリジェント・エッジ・システム」を設立した。グーグル、アマゾンなどの世界的ＩＴ企業も、自身のビジネス領域で収集・蓄積したデータを起点に異業種への参入し、シェア獲得を目論んでいるとされる。

国内では、建機最大手の小松製作所（以下、コマツ）が、ＡＩ・アナリティクスの先進企業として知られている。同社は「建設生産プロセスに革命を起こす」というコンセプトのもと、ＮＴＴドコモやＳＡＰ、ＯＰＴｉＭ（オプティム）と連携して、建設生産プロセス全体をつなぐプラットフォーム「ＬＡＮＤＬＯＧ（ランドログ）」というサービスを展開している。これは調査・測量・設計・施工・メンテナンスといった建設プロセス全般の大量のデータを収集・蓄積し、その生産プロセスに関与する、土、機械、材料などのあらゆる（モノ）データをＡＩによって活用できるようにすることで生産性の向上につながる価値のある情報を創出（コト化）し、ＩｏＴを実現する機器・通信・データ蓄積、分析、活用に必要な機能をワンストップでクライアントに提供するサービスである。

コマツなどの建機大手は、早くから自動運転にも取り組んでおり、すでに鉱山マイニング向け建設機械の24時間稼働に関する効率運転・無人運転を商業化している。

農機大手のクボタも有人監視下の自動運転農機や、農作業を短時間で正確にできるトラクターを開発しており、農家の高齢化に伴う離農や新たな担い手の不足を解消するソリューションとして一定の成果を上げ始めている。

これらの先進企業は、それぞれのビジネスシーンに合ったセンシング技術、通信技術などの技術動向を見極めながらシーズ思考で検討してきている。そして、ＰｏＣを繰り返しながらデータを蓄積して分析を繰り返して、実務への適用の見込みを立ててきたのである。

AI・アナリティクス活用に向けた前提条件

ここで先進企業のようにＡＩ・アナリティクスを活用するための前提条件（準備）を、現在のトレンドを踏まえながら整理していきたい。

「ＩｏＴ」は、製品／設備（モノ）の稼働データ、位置データなどをいかに収集・蓄積するかにフォーカスを当てる考え方だった。しかし、「ＡＩ」は、収集・蓄積されたデータをビジネスでいかに活用するかに重点が置かれた考え方である。いい換えれば、「ＩｏＴ」から「ＡＩ」へキーワードがシフトしたことは、データの収集・蓄積がもはや必ずやっておくべき前提条件になったことを示している。

後述するが、ビジネスにおいて活用目的を検討することは非常に重要であり、ビジネス化に不可欠だ。一方、特に製造業の多くの企業の生産領域や製品出荷後のアフターサービス領域において、ＡＩを含むアナリティクスツールのインプットは不足している。具体的には、設備／製品のＩｏＴデータ（時間、使用回数など）および、生産データや要員データなどの関連情報の整備が不十分であることが多い。また、システムで一元的に管理されておらず、各システムから分析を実施するたびにデータ抽出しなければならない、またはエクセルなどのローカルデータで管理されている場合などが挙げられる。つまり、機械学習で定常的に分析を繰り返しながら業務をブラッシュアップしていくのとは、ほど遠い状況であることが多い。

人の頭の中にのみ情報がある属人的な業務を含めて、システムで管理されていないデータは、分析の前にデジタル化から着手する必要がある。しかし、すでにデータを取得・蓄積している場合でもＡＩ・アナリティクス活用を前提に蓄積されたデータではないことから、データ活用に際してさまざまな問題が発生する。例を挙げると、「実現したいテーマに対して必要なデータが不足している」「データに欠損値や異常値などが多い」「データの取得頻度が低い」といったことだ。この点に関して、日立製作所のデジタル化推進組織の立ち上げを主導した部長は次のように指摘している。

「日立のグループ会社において、データの量と質が十分に確保され、分析効果を出しているケースはいくつも存在する。一方で、一般的にデータ分析による業務課題の解決、新規事業の創出を意識したデータ構造が意識されておらず、クライアントが実施したい分析に対してデータの量と質が足りないケースも数多くある。たとえば、センサー項目の不足、データの取得期間の短さ、データ取得間隔の短さが原因で、課題解決に必要なデータの量・質が不十分となり、分析を活用したプロジェクトの推進が思うように進まないケースなどである。そのため、可視化や分析アプローチの提案に加えて各会社の課題に応じて必要となるデータ蓄積そのものも我々は支援している」

業務の特性上、データが蓄積されやすい業界として挙げられるのは金融業界である。金融業界は規制が多く、ルールが厳密に規定された業務が多いことから、蓄積データの種類が豊富かつデータ量が膨大だ。また、エンドユーザーの利用環境は当然屋内であり、外的環境に登録データの内容が左右されることなく、データ品質が常に一定でバラツキが生じにくい。こうした要因から実績が出しやすい。もちろん、当業界においても分析の目的に応じて必要となるデータは異なることから、一概にデータ活用が推進できるとはいうことができない。

金融業界の成功事例として、2015年2月に、みずほ銀行のコールセンターにおけるIBMの人工知能（ワトソン）と音声認識技術を活用したシステム導入の事例が挙げられる。このケースは、オペレーターが顧客からの電話を受けると、会話内容に応じ回答候補となる必要情報が目の前のパソコンの画面に数秒ごとに自動的に切り替わり、映し出される。ワトソンがオペレーターと顧客との会話を分析して、適切な解を探し出すというものだ。このシステムは、導入時点で10席分のオペレーターから開始し、1年半経過時点で200席まで拡大するほど業務適用が進んでいる。このケースが成功したのは、銀行業務におけるコールセンターという特性から、顧客からの問い合わせ内容がある程度パターン化され、回答に関しても多くが標準化されていることが寄与したからだと私たちは考えている。

当事例を踏まえて、AI・アナリティクスのビジネス活用の前提を考えてみると、データ品質を踏まえたデータの整備、および大量のデータの収集・蓄積が重要であることがわかる。とはいえ、活用目的を検討せずにやみくもにデータを収集・蓄積すると、相応のデータ収集基盤・ネットワーク回線、データベースなどが必要となり、費用が膨らんでしまう。目的を明確にしてシナリオを描きつつ、ビジネス要件に合ったデータ収集・蓄積することが活用成功のカギになる。

AI・アナリティクス検討の3つの落とし穴

昨今のAIブームの影響もあって、一般的なAI・アナリティクスのイメージはどのようなビジネス課題も解決できる万能薬のようなイメージになっているのは否めない。実際、私たちのクライアント企業の幹部やプロジェクトのキーパーソンが、実績のあるＡＩツールを導入すれば、何でも解決できると考えていたケースもあった。

課題解決の方法を探索して自ら解決できる、いわゆる「強いＡＩ」であれば、この認識も間違っていない。しかし、現時点（２０１８年８月）では、ある特化した課題／テーマであれば解決できる「弱いＡＩ」は存在するものの、ＡＩがある事象に対して課題が何かを特定し、その課題を自律的に解決していくような「強いＡＩ」は存在しない。すなわち、ＡＩ・アナリティクス技術の活用を検討する場合、それぞれの技術で「何が実現可能か」「どんな事例があるのか」を調査して、「適用可能な技術か」「ビジネス課題の解決に適合するか」を見極めることが必要ということだ。

また、選定されたＡＩ・アナリティクスの技術を実務に落とし込む過程における誤解として、システム面に関しては、ＡＩ・アナリティクスの解析機構のみで実業務における効果を享受できるわけではないことが挙げられる。実際にはＡＩ・アナリティクスの解析機能は、目的に即した分析結果を出力してくれるが、この時点では何ら業務の改革／改善に寄与できない。あくまでも解析機能から導き出される出力結果を既存／新規のビジネスロジックが実装されたシステムに連携して処理を行ない、人間が判断／自動処理することで初めて業務に活用できる。また、システムに実装された仕組みをうまく活用できるように業務改善も併せて実施しなければ、現場はどう活用すればいいかわからず、結果的に使われないシステムになる可能性が高くなることには留意したい。

ＡＩ・アナリティクス技術の活用を検討する企業が陥りやすい３つのパターンがある。

ひとつ目は、ＡＩ・アナリティクスといった最先端の高度技術を自社ビジネスに適用すること自体が目的となってしまう「技術先行」に陥るパターンである。

どんなビジネス課題を解決したいのかを十分に検討しないまま、技術先行でプロジェクトがスタートすると、ＰｏＣ実施後に、「ビジネスメリットが不明」「費用対効果が得られない」という結果に陥ってしまいがちだ。ビジネス上の効果・目的が明確でなければ、投資に対する社内合意が得られないだけでなく、投資に対してのリターン（効果）を測ることもできない。これでは社内稟議が通るはずもなく、プロジェクトは頓挫するだろう。

技術先行で検討をスタートすることは必ずしも悪いアプローチではないが、適用した技術が自社ビジネスのどの領域に適用し、どのような効果が得られるかをＰｏＣ開始前に検討することは重要だ。

ふたつ目は、自社ビジネスのどの領域に適用し、どのような効果を得たいかというアナリティクス活用の目的を検討しているものの、その目的に対してデータを活用する適切なレベルが見定められていないパターンだ。たとえば、必ずしも「自動化」を目指さなくて

図6-3　データ活用のレベル

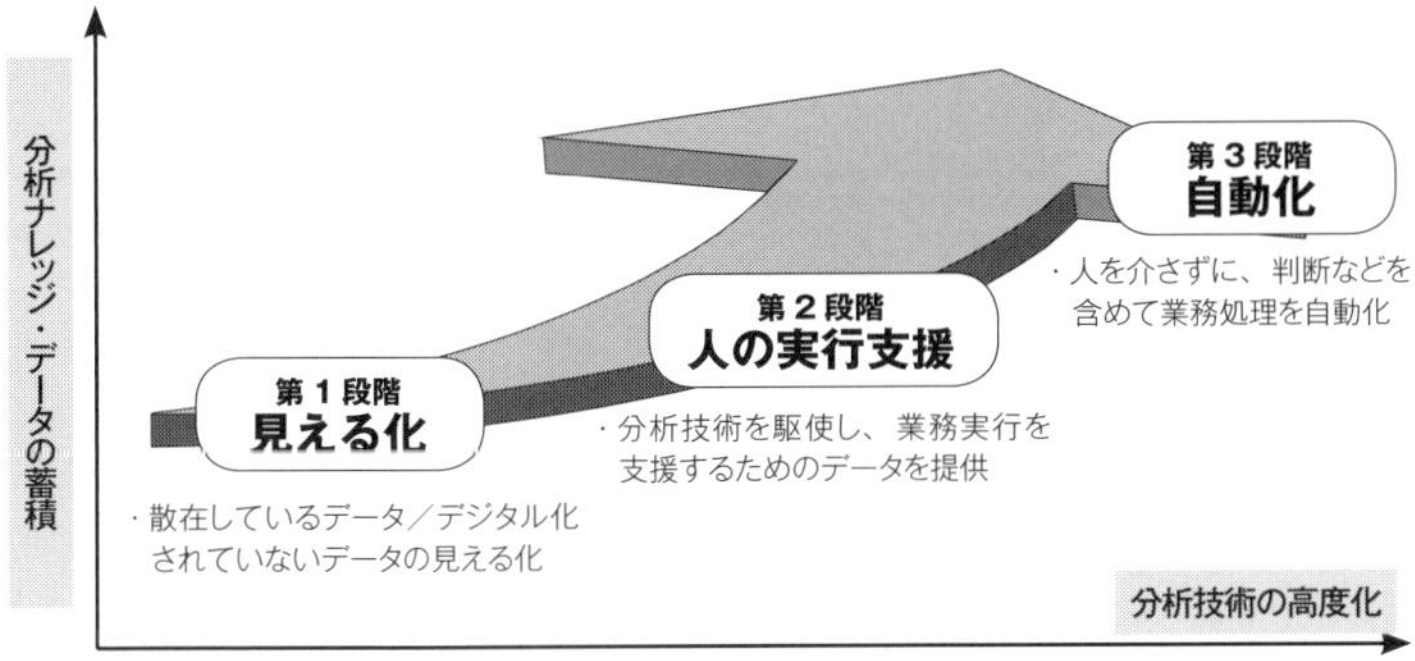

いいにもかかわらず、やみくもに「自動化」を目指しているケースがこれに当たる。

【図6-3】に示すようにデータ活用のレベルには、大きく「見える化」「人の実行支援」「自動化」といった3段階が存在する。

第1段階の「見える化」とは、蓄積されたデータを可視化し、そこで得られた情報を起点に人間が適切なアクションを行なって効果を上げることを指す。たとえば、ベテラン社員の勘・経験といった、これまで形式知化できなかった技能を、蓄積したデータの「見える化」によって明らかにする取り組みだ。これが実現できれば、経験が浅い若手にもベテラン社員の技能を継承でき、作業負荷の平準化なども期待できる。

第2段階の「人の実行支援」は、インプットされたデータからAI・アナリティクス機能を活用してデータ分析を行ない、得られた情報をベースに人間が適切にアクションすることでビジネス効果を上げることを指す。

機械の時間、使用回数などの稼働情報、部位ごとのひずみ、摩耗などの劣化情報をセンサーから収集し、その情報をＡＩ・アナリティクス機能で分析して、異常を検知して部品交換タイミングを知らせる仕組みなどがこれにあたる。この場合、ＡＩ・アナリティクスの分析から得られた情報を起点に故障する前に保守員が保守作業をすることで、故障の減少やクライアントの損失を小さくする効果が期待できる。

第３段階の「自動化」は、第２段階の「人の実行支援」における人間の判断・アクションの部分をコンピュータに実行させて、人手を使わずに業務を行なうことでビジネス効果を上げる取り組みを指す。

たとえば、ベテラン作業員の目視による検査で品質検査をしていた工場で、教師データ（お手本）をモデル化して製品検査に活用し、自動で不良品を除外する仕組みがこれにあたる。この仕組みを構築できれば、作業員の作業および製造リードタイムの削減が期待できる。また、目視で行なうことで検査時間がボトルネックになって生産量に制限が発生している場合であれば、リードタイム大幅短縮による生産量の向上が期待できる。

第１段階〜第３段階を比較すれば、「自動化」のインパクトが大きいのはいうまでもない。

しかし、例にも挙げているように、「見える化」「人の実行支援」が実現するだけでも十分にその効果を享受できるテーマもある。

また、ＡＩ・アナリティクスの活用を考える際、目的と効果を照らし合わせて、適切な活用レベルを選択しなければ、想定以上の費用がかかり、結果的にプロジェクトが失敗するリスクが高まる。それゆえ、テーマごとに適切な活用レベルを設定することは重要である。

そして３つ目は、ＡＩ・アナリティクスの検討・推進に必要な人材の不足である。第７章でデジタル化組織、人材育成に関する詳細な説明をするが、先に紹介した日立製作所のデジタル推進組織の部長は、ＰｏＣから本運用移行の難しさのひとつとして次のように言及している。

「ＡＩ・アナリティクス案件でＰｏＣを推進し、実務へ適用するには、３つのタイプの人材確保が必要であり、どのパターンの人材が欠けても、ＰｏＣで成功を収めることは難しい」

具体的に必要とされるのは、以下のスキルを持つ３タイプの人材だ。

①クライアントの現場業務と課題を理解できるビジネス知識を持った人材

②ＡＩ・アナリティクスの技術的知見が高いデータサイエンティスト

③クライアントの立場に立って課題の本質と優先順位づけなどを行なうフロントト対応に強いプロ

ジェクトリーダー（AI・アナリティクスに関する勘どころも必要）

①が不足すれば、クライアントと業務の話が噛み合わないため双方の理解が深まらず、プロジェクトが頓挫してしまい、②が不足すれば、技術的な観点での推進ができず、PoCすら実施不可能となる。そして、③が不足した場合、プロジェクトがまとまらず、目標に到達できない。

6-2

実際の導入事例から
ＡＩ・アナリティクス導入の流れを理解する

AI・アナリティクスの活用実現に向けたアプローチ

某機械製造メーカーでは、製品出荷後の保守業務の効率化に向けてＡＩ・アナリティクスを活用したプロジェクトを検討し、ＰｏＣの実施および将来的なビジネス適用の計画を策定して、具体化させるべく動いていた。このプロジェクトでは業務効率化によるコスト削減も目指しているが、最大の課題は、ベテラン社員の減少と新たな人材確保が難しい現状を打破するために、少ない要員でなるべく多くの仕事をこなせるようにすることだ。

まず、私たちは現場社員に対して、ヒアリングを行ないつつ、業務の関連資料で現状の業務の分析を実施し、課題抽出および解決策の立案をするボトムアップアプローチを実施した。また、他社事例および世の中の動向を踏まえて実情に合った「あるべき姿」を描くトップダウンアプローチも併用して、目的に即した施策を決定していった。

一般的なアプローチとして、課題抽出はヒアリングなどを通じて経営・現場の課題抽出を行ない、それをもとに解決策を立案・実行することで目的の達成を目指す。現場の意見からＡＩ・アナリティクスを活用すべき課題が抽出され、課題解決の目算が立つのなら、ボトムアップアプローチでも問題ない。しかし、特にデジタル化に関しては、ヒアリングをしても現場から上がる課題は現場担当者の身近なものになってしまう傾向があり、抜本的な改革に結びつく課題が抽出できないケースが多い。そのため、私たちは抜本的な改革に結びつく施策を立案するため、ボトムアップアプローチに加え、事例などをベースとしたトップダウンアプローチを用いた施策検討を進めた。こういったアプローチでプロジェクトを推進していくためには、私たちのようなコンサルタントの活用が不可欠となる。

ここで重要なポイントは先に述べたとおり、ＡＩ・アナリティクスを活用する目的が明確かどうかである。このプロジェクトの目的は、「各業務における人員の省力化」だ。プロジェクトを進めて施策を具体化していくにあたっては、最初に立てた目的に常に立ち返りながら進めることが肝要だ。それができれば、プロジェクトメンバー間での共通認識が醸成されることから、ＰｏＣで効果を上げさえできれば、実務への適用がに大きく近づく。

私たちが実施した課題抽出、解決策立案の結果、ＡＩ・アナリティクスを活用した改革対象として挙がったのは、コールセンター業務、保守、計画の立案業務だった。

まずコールセンター業務における施策は、顧客からの問い合わせに対してオペレーターがその場で適切な解決していくことや、問い合わせ内容を現場の保守員につなぐ際に、適切に現場状況を伝えることで、保守員の負担軽減が求められた。具体的には、どの機種のどの部品に、どういった事象が起こっているかという情報をもとに、どのような保守を行なうべきかを分析し、コールセンターのオペレーターに対して顧客への適切な回答をシステムが提示することを目指している。そして、日々の運用で徐々に情報を蓄積して、より高精度のシステムにブラッシュアップしていく。この仕組みでオンコールの回答率を高めるために必要なデータは、過去の保守履歴、類似事例、問い合わせ履歴などである。

また、コールセンターの負荷軽減施策として、問い合わせをしてきた顧客からの会話内容の音声を直接文字に変換して登録するシステムおよび会話内容の要約システムの導入を検討した。これらは、すでに各システムベンダーから販売されているソリューションの導入で実現可能だが、会話内容を適切に記録するために、オペレーターは顧客が発した言葉をはっきりした口調でリピートするなど、確実なデータ化には工夫が必要になる。

もうひとつのテーマである保守計画の立案は、スキルに依存せずに誰でも行なえるレベルの業務にするために、要員の自動スケジューリングの仕組みを検討した。従来、この企業では、経験豊富な社員が経験と勘に依存するかたちで定期点検の計画策定を実施し、突発故障が発生した際にも個人スキルに依存してリスケジュールの立案を実施していたためだ。

図6-4　自動スケジューリング技術（定期点検のスケジューリング）

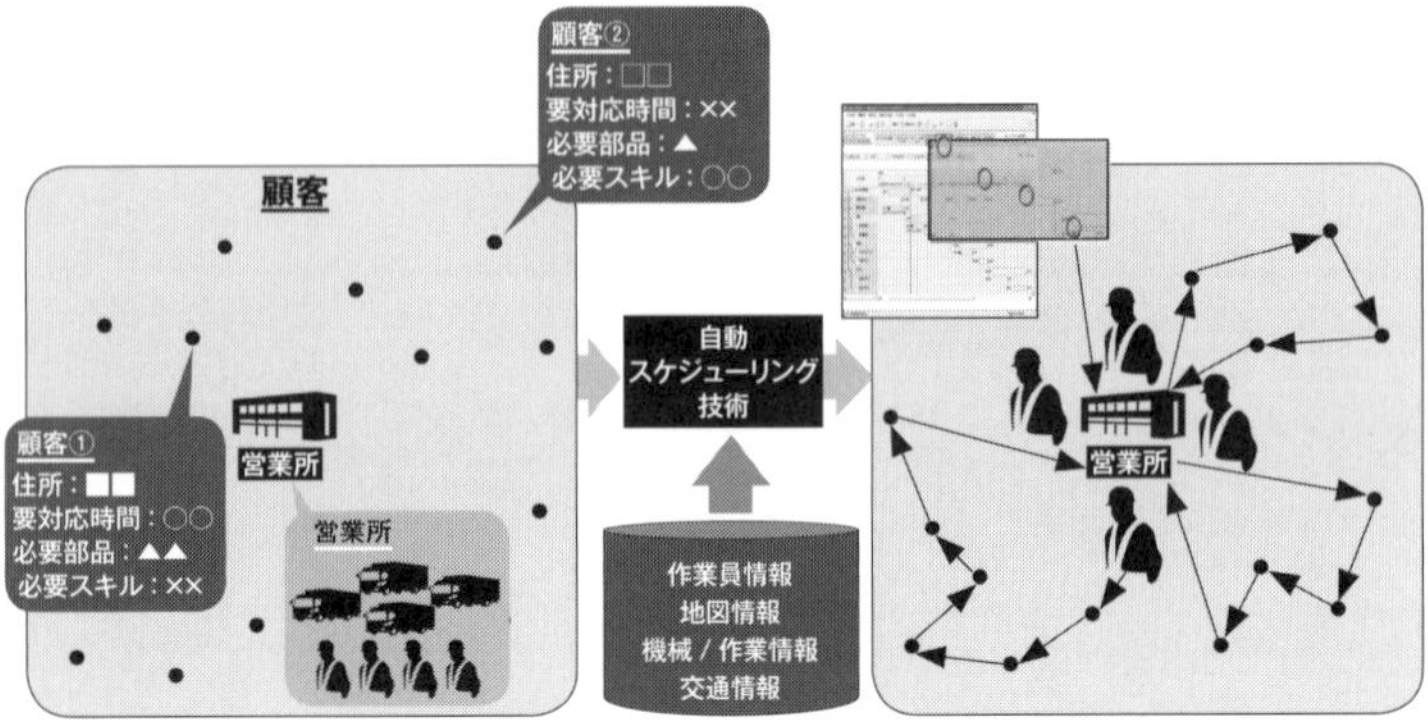

この仕組みが実現されれば、保守履歴、保守員の状況、機械状態をベースとして、一定周期で点検、整備を行なう定期点検に加え、突発的な故障に対して保守対応するリスケジュールもサポートできる。計画立案業務の負荷を軽減し、計画精度の向上、機器の停止時間短縮、過剰保守の防止といった品質向上および保守員の負荷低減の期待効果を見込むことができる【図6-4】【図6-5】。

この企業の要員の自動スケジューリング機能で目指すのは、人の関与を完全になくした「自動化」ではない。なぜなら、ディスパッチャー（指令係）が、OJTのために若手作業員を割り当てるなど、必ずしも最適な作業員をアサインしないケースもあるなど、最終的には人間が要員の割り当てを確定する業務の流れがあらかじめ想定されていたからだ。私たちはここまで目的に応じて実装レベル

図6-5　動的ディスパッチ技術（突発事象のスケジューリング）

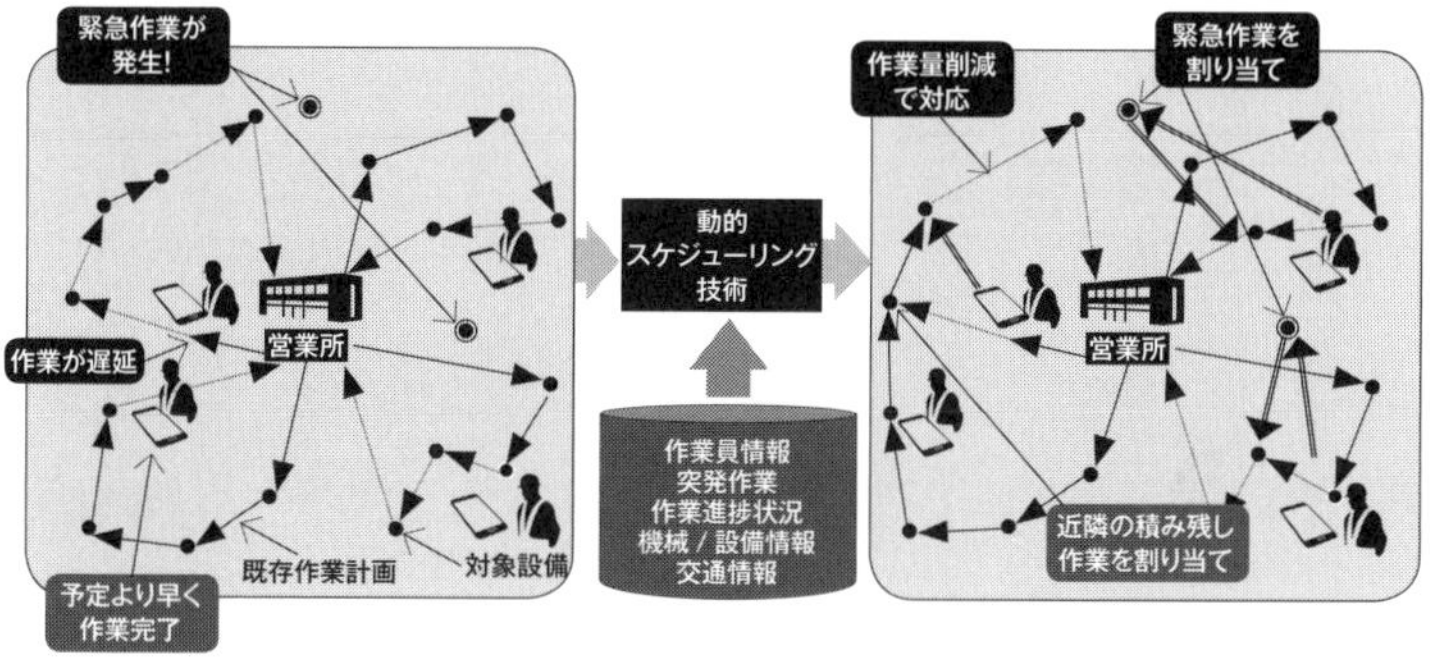

を決める必要性について述べたが、このケースは当初から「自動化」ではなく「人の実行支援」を目指していたことになる。

要員の自動スケジューリングの実現にはスケジューリングプログラムに加えて、「保守履歴」「保守員のスキル」「資格情報」および「保守員のスケジュール情報」「位置情報」など、多くのデータの整備が必要となる。定期点検を計画する際は、保守履歴をベースにどの保守員がいつ対応すべきかを保守員のスキルを勘案して割り当てながらスケジュールを立てる必要がある。それに加え、クライアントの要望として、「保守ごとに異なる保守員ではなく、前回対応してくれた保守員にしてほしい」と希望されるケースが多いことから、これらの判断に必要なデータ（過去の保守履歴）の整備も必要になる。

計画精度の向上の施策として「機器の異常検知システムの導入」も検討された。異常検知システムとは、過去の故障データを含む、機械の稼働データを学習データとして機械学習し、異常が起こった段階で検知情報を現場にフィードバックすることで、未然に機器の故障を防ぐシステムである。

日立製作所のデジタル化推進組織では、現場への異常アラートのフィードバックに加えて、現場関係者以外のステークホルダーに対しても、近い将来、時間・地理に依存せず、どこでも状況を確認できるためのモバイル活用を検討している。

この企業は、これまで機械の点検周期は定期的に点検などを行なうTM（タイムベースド・マネジメント）だったが、この異常検知システムの導入により、機械の稼働状態をベースとしたCBM（コンディションベースド・マネジメント）に切り替えることで、点検の必要性が高い機械を優先してメンテナンスができ、機械の故障を減らし、計画精度の向上が期待できる【図6-6】。

異常検知の仕組みづくりの検討で重要なことは、異常検知システムの精度を向上させれば異常を見落す「失報」は減るが、検知する感度が高いがゆえに、異常がないのに発報する「誤報」が増えることである。一方、「誤報」が増えると、不要な保守員の出動が増え、それに伴うロスコストが発生する。異常検知の対象となる機械／部品の価格、保守員の人

図6-6　施策実施前後の変化

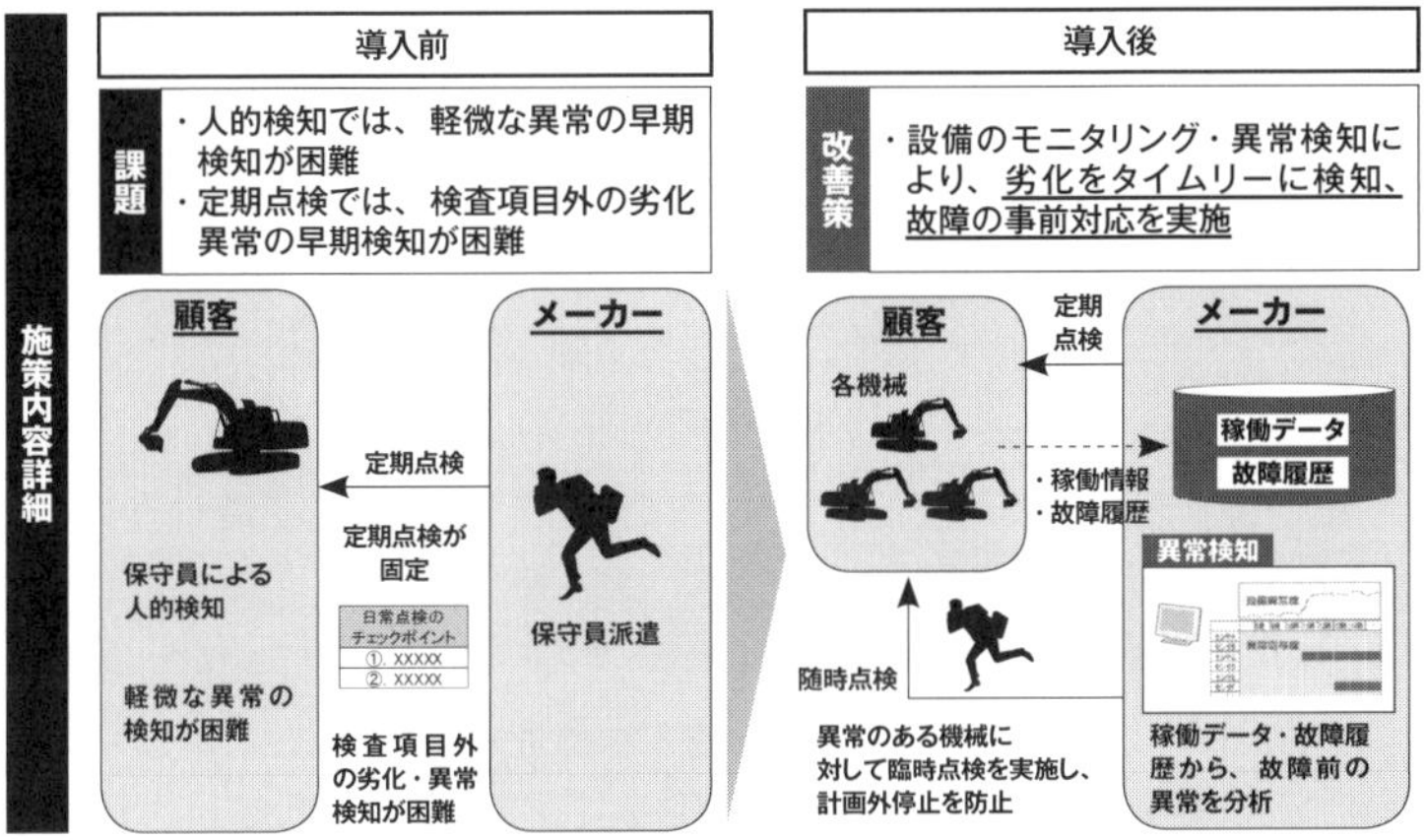

件費、機械が故障した際のビジネスインパクトを総合的に加味したうえで、最も適切な落としどころになる検知精度を探る必要がある。いい方を変えれば、たとえ検知率が低くても重要な故障を未然に防いでコスト面の大きなメリットを出せれば、この取り組みに「価値がある」と判断できる可能性がある。

それぞれの施策実現に向け、直近数カ月のスケジュールおよび、数カ月から数年にわたる中長期スケジュールを含めたロードマップ策定をしていく必要がある【図6-7】。策定に際してのポイントは、「①現状業務状況」、「②データの整備状況」から施策実現に向けて解決が必要となる現状業務課題およびデータ課題を整理して対応の優先順位

図6-7　AI・アナリティクスの活用ロードマップ策定イメージ

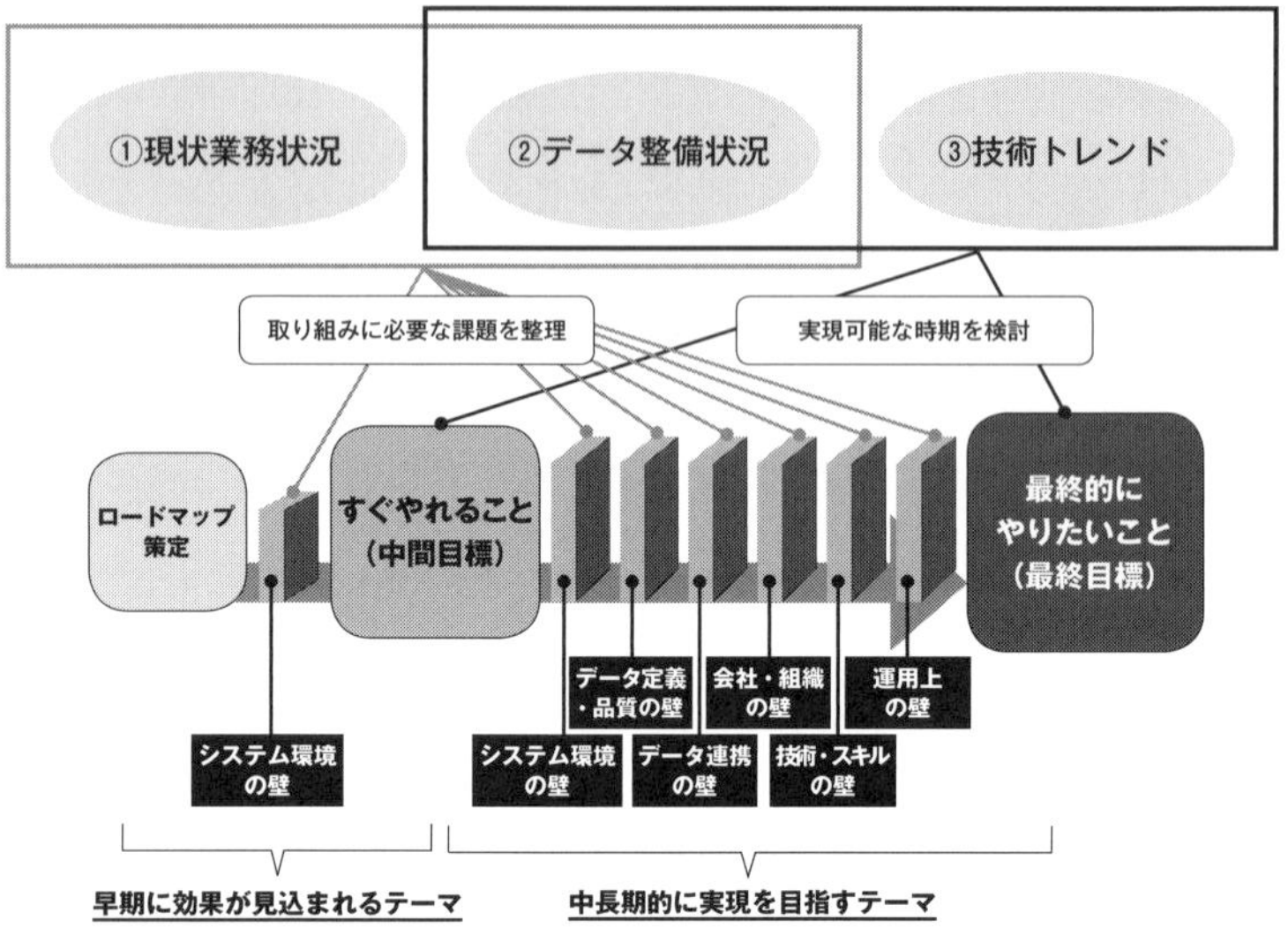

を決定していくこと、「②データの整備状況」「③技術トレンド」から各施策の実現難易度を評価し、どのテーマをいつ実現するのかを決定していくことである。こうした検討を効率よく、抜け漏れなく実施するには、経験のあるコンサルタントの活用が有効だ。

　現状業務の課題整理は、各施策が実現した場合、業務がどう変化するか、どのようなインパクトがあるか、「①現状業務状況」からの変化の状態を見極めることだ。単一部門の現状業務に携わる人の業務が一部変わる程度であれば影響度はさほど大きくない。しかし組織の業務分掌を変更しなければならないケース、新組織を立ち上げるケースは影響が大きい。社外のパートナー会社にまで対象範囲が広がるケースはより影響度が大きく、調整などの時間がかかることから難易度は高くなる。

データに関しては、「②データの整備状況」を踏まえて解決すべき課題整理が必要である。施策案の実現にあたって、「必要となるデータを保有していること」「データ量が十分蓄積されていること」「分析ができるレベルでデータの品質が確保されていること」が肝要だ。したがって「データの整備状況」が、いかに早く施策実現ができるかを左右する。もしデータ整備が十分でなければ、データ取得のシステムづくり、業務改善から取り組むことが必要となる。また、効果が出るまでには、データの蓄積に相応の期間が必要なことから、データの収集期間に留意したロードマップが必要になる。

最後に、「技術トレンド」であるが、すでに一般的に実用化されているソリューションを導入する場合は、比較的早い段階で実務における活用が期待できる。

今回紹介した事例で見ると、コールセンター業務におけるクライアントからの会話内容を直接音声から文字に変換して登録する仕組みが早期に実務につなげられる施策に該当する。適切なソリューションを導入して、業務フローのなかでシステムをうまく活用するかたちに変更すれば、実現できる可能性は非常に高い。また、異常検知システムのように、ある程度、各ベンダーからのソリューション適用が見込める施策は、データの整備次第だが、ＰｏＣを通じて効果を確認できるなら適用できる可能性は高い。要員の自動スケジューリングについては、日立製作所の研究部門の技術で、実現の見込みが立ったことから、データを整備し、ＰｏＣを通じて効果が確認できれば、同じく実務への適用は十分可能である。この事例で策定された施策には、現時点の技術で対応が不可能なテーマは含まれていないが、今後のビジネスと技術動向をウォッチし、さらなる業務の高度化に向け、継続的に取り組んでいく計画である。

このプロジェクトは、構想段階で整理された各施策に関して、クライアント内で「実施すべきタスクの明確化」と「優先順位にしたがって策定された直近スケジュール、ロードマップ」が承認され、日々プロジェクトを推進している。一方、157ページに挙げた3タイプの人材確保には懸念があるため、課題解決のために、初期段階では社外の協力会社メンバーで体制を補完しつつ、並行して自社内の人材育成の実施も求められている。

第7章

デジタル化に向けたＩＴガバナンスと人材育成

7-1
デジタル化推進に重要な役割を果たす「デジタル化推進組織」とは？

デジタル化推進組織の必要性

ＩｏＴやＡＩなどのデジタル技術を高度に利活用することで、これまでの競争原理を根底から変えるような新たなビジネスモデルで市場に参入し、成果を上げる企業が増えている。これら企業は「ディスラプター（創造的破壊者）」と呼ばれることもある。多くの大企業の経営者はこの状況を脅威とは捉えておらず、むしろ自社の事業を革新するための機会として捉え、自社がディスラプターになることを目指している。

ところが、経営者が「ＩｏＴを活用して何かやれ」とミッションを与えたとしても、従来の業務活動とは考え方が異なるため、何をどうしていいのかわからず、うまくいかないことが多い。場合によっては、目先の既存業務に忙殺され、検討すら進められないケースもある。こうした状況を避け、企業のデジタル化を推進するためには、専門組織の設置が有効な解決手段になる。

企業内のデジタル化を推進する組織の代表例としては、以下に示すような組織がある。

デジタルイノベーション推進組織（≒狭義のデジタル化推進組織）

「デジタルイノベーション推進組織」は、デジタル技術を活用して、〝新しいデジタルビジネスを創出する〟新ビジネスを創出しないまでも、〝既存事業のビジネスモデルを変革する〟など、より直接的に事業／経営に貢献する活動を推進する組織である。

既存業務と兼務させるのではなく、新しいデジタルイノベーションに関する業務専任の組織として整備することが望ましい。デジタル化対応は、社内外の関係者との連携も必要となるため、この組織の役割を遂行するためにＣＤＯ（最高デジタル責任者）を設置する企業も増えてきている。

データアナリティクス組織

デジタル化により大量のデータが扱えるようになり、データを活用した事業・経営の高度化の必要性は多くの経営者が認知しており、データアナリティクスの重要性は高まってきている。しかし、個々の部署でデータ分析を実施しようとしてもノウハウがない（どのように進めたらよいかわからない）、リソースがない（データ分析の知見を持った要員がいない）などの課題に直面する。

また、個々の部署でデータ分析のための仕組み（ビッグデータの分析基盤など）を整備することも非効率であるとの課題認識もあり、データ分析を専門とする「データアナリティクス組織」を整備する企業も多い。この組織は外部も含めた組織横断で情報／データの利活用を推進する組織でもあるため、活動を高度化するためにＣＤＯを設置する企業もある。

データアナリティクス組織は、以下のような役割を担うことが期待される。

・企業内・連携先企業にあるデータ資産を理解・管理し、活用を推進する
・アナリティクスに関するナレッジを集約し、アナリティクス技術の活用を促進させる
・アナリティクスの基盤環境を整備し、アナリティクス環境の利用を促進させる
・データアナリティクスによりデータ間の相関をあぶり出し、相関に対して意味を与える

サイバーセキュリティー対策組織

ＩｏＴなどにより、あらゆる〝モノ〟がインターネットにつながり、サイバー空間上で扱われることになると、デジタル化時代に対応した情報セキュリティー対策が必要になる。情報セキュリティーに対する脅威は日々進化しており、個別の部署でこれに対応していくことは難しくなっている。

これらを専門に対応する組織も広い意味ではデジタル化推進組織ということができ、企業内のCSIRT（組織内の情報セキュリティー問題を専門に扱うインシデント対応チーム）を個別に整備する企業も増えている。これらの組織のトップとしてCISO（最高情報セキュリティー責任者）を設置する企業もある。（※本書では、サイバーセキュリティー対策組織、セキュリティー人材については説明を割愛する）

デジタルイノベーション推進組織とは

企業が〝デジタル技術を活用し、新しい価値を創出する〟という活動を推進するには、「デジタルイノベーション推進組織」が必要だが、企業がデジタル技術を活用して狙う効果によって、整備すべきデジタルイノベーション推進組織には、いくつかのタイプがある。

インキュベーション型組織

デジタル技術活用の主目的が、「既存の事業／サービスの延長上ではなく、まったく新しいデジタル化時代に対応した事業／サービスを創出したい」といった場合は、既存の組織（事業部門やバックオフィス系部門）とは完全に切り離して、デジタルイノベーション推進組織を整備し、新事業の創出（インキュベーション）を担うかたちが想定される。

このタイプの組織は、新たなデジタルビジネスの創出などがミッションとなるため、社内にベンチャー企業を立ち上げるような位置づけとなる。既存組織のルールなどにとらわれない新しいアイデアの創出件数などが成果に向けた重要なＫＰＩになるため、既存組織の働き方や各種制度などに縛られない自由な発想ができる制度を整備するといいだろう。

事業改革型組織

デジタル技術活用によって狙う効果が「自社のコア事業など、個別の事業に特化して、ビジネスモデルの変革や、オペレーションモデルの変革による競争力を強化したい」場合は、対象の事業組織内にデジタルイノベーション推進組織を設置することになる。

デジタル技術活用による新しい価値の創出は、既存の業務課題や既存ユーザーのニーズだけを捉えていては、効果が限定的であり、自身がディスラプターになっていくことは難しいため、対象事業領域に限らない幅広い視点での取り組みが重要となる。

効果創出には、当然対象事業に対する深い知見も必要になるが、既存業務の担当者にデジタル化対応を兼務させることはやめたほうがいい。既存業務活動に引きずられ、デジタル化改革が進まないことが多いからだ。

図7-1　デジタルイノベーション推進組織のパターン

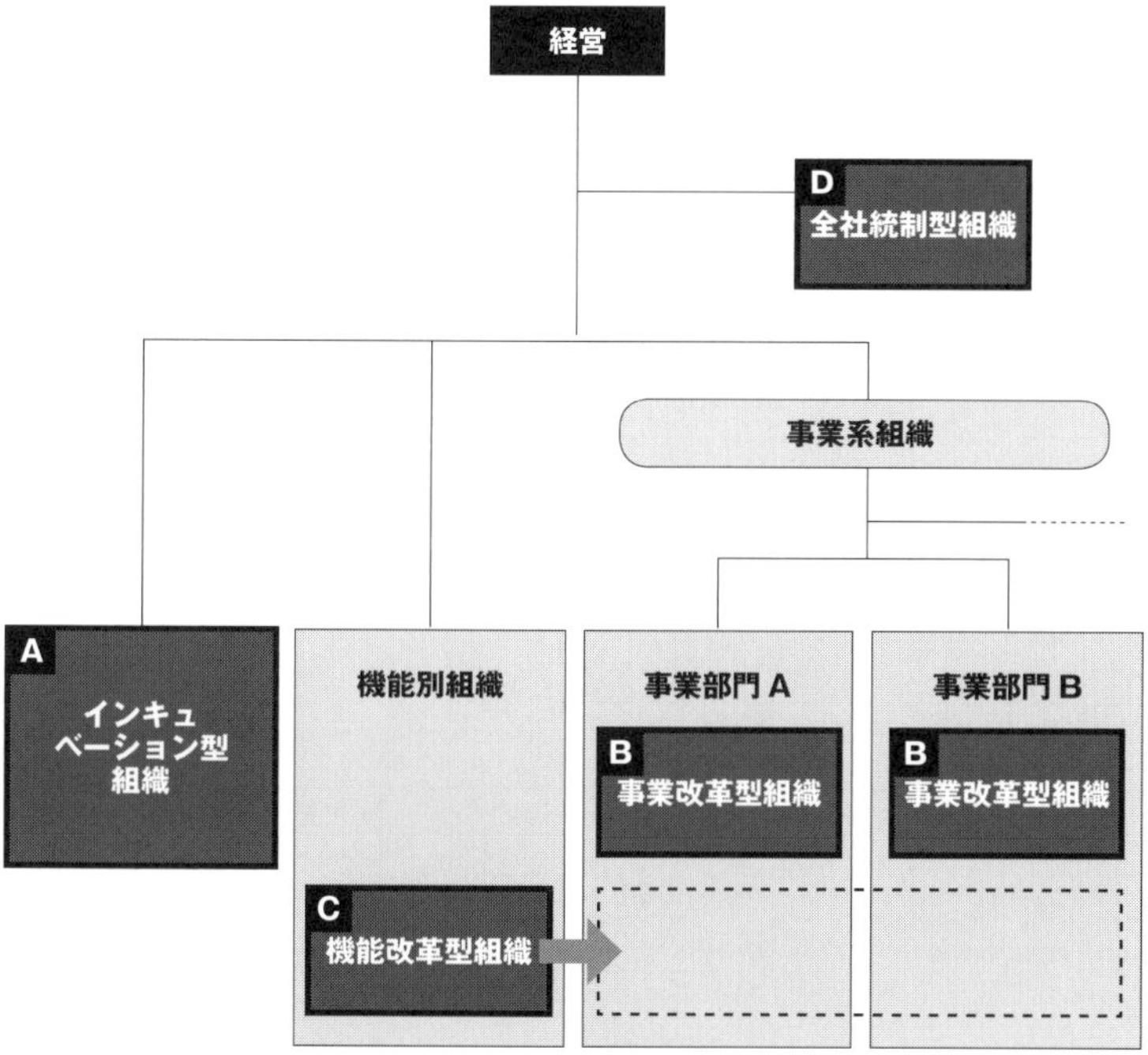

A

インキュベーション型組織
既存事業／サービスの延長ではなく、まったく新しい事業／サービスを創出するため、既存組織とは独立して設置

B

既存事業改革型組織
個別の事業に特化したデジタル化を推進する組織として、事業部門内に設置

C

機能改革型組織
事業横断の機能を対象にデジタル化を推進する組織として、事業部門の外に設置する

D

全社統制型組織
各部門の取り組みを包括的に実施するための統括組織（全社のデジタル戦略策定、個々の取り組みの支援などを実施）

機能改革型組織

デジタル技術の活用によって狙う効果が「複数事業で共通するバリューチェーン上の機能に特化して、デジタル技術を活用して業務全体を高度化／効率化したい」場合には、事業横断の機能軸組織としてデジタルイノベーション推進組織を設置するかたちとなる。

このタイプの組織の場合、各事業部門の業務内容の精緻な把握が重要なポイントになる。この組織が実施するデジタル化の取り組みは、複数事業で共通の課題を洗い出し、デジタル技術を活用することで、どういった改革が実現できるかを検討することになる。同時にデジタル技術活用による改革施策は複数事業に適用し、標準化を推進していく役割もこの組織には求められる。改革施策の内容によっては、事業部門に対して、業務プロセスの変更を要請する必要も出てくるため、そういったことの必要性や意義などを事業部門に理解してもらう活動も重要な役割になる。

全社統制型組織

デジタル化の取り組みが、複数事業で並行して推進されている場合には、各部門の取り組みを全体最適の視点で整理し、企業全体としてのデジタル化に取り組む組織の必要性がある。この場合には、各事業部門、機能軸組織での取り組みを統制・支援するための全社横断型の統制組織としてデジタルイノベーション推進組織を整備する。

このタイプの組織は、会社全体の変革を推進する役割も担うため、組織としての活動目的や位置づけの明確化・周知が不十分だと単純に情報を取りまとめるだけの管理組織となってしまう懸念がある。自社でのデジタル化の取り組みを全社で整合性を持った取り組みにするには、デジタル化によって将来の自社がどうなっていたいかのビジョンやそのためのデジタル戦略を示すことが重要だ。全体をまとめる役割もあるため、部門間で横串を刺した共通のＫＰＩとルール策定を推進し、各部署がデジタル化対応を遂行するうえで不足するケイパビリティを補足的に支援・強化する役割も担うことになる。

デジタルイノベーション推進組織の機能とは？

デジタルイノベーション推進組織は、そのタイプによらず、共通的に以下に示す機能を担うことが求められる。

デジタル技術の目利き機能

デジタル技術の適用事例などは、製品事例などを含めると世の中で日々大量に公開されている。デジタルイノベーション推進組織は、これら事例や利用される技術内容を把握していくことが求められるが、単純に内容を把握するだけではなく、各技術を自社のビジネスにどのように活用できるのかなど、各技術が世の中に出てきた背景なども踏まえて本質的な価値を深掘りして評価する機能が求められる。

デジタル技術適用プロジェクトの推進機能

目利きにより適用の可能性があるデジタル技術の洗い出しができると、実際に適用の検討を進めることになるが、デジタル化プロジェクトは、従来のシステム開発プロジェクトとは異なりＰｏＣを実施し、実現性を評価しながら具体的な企画に落とし込んでいく部分や外部組織との連携を推進するなど、デジタル技術の適用プロジェクトの推進に関する特有の機能が求められる。

社内のデジタル風土の醸成機能

企業としてデジタル化に取り組むかの判断は、最終的には〝経営〟が行ない、デジタル技術を適用した新しい業務プロセスで実際に業務を遂行するのは、〝事業部門〟であることを踏まえると、自社内でデジタル化活動を推進することに対する経営・事業に対する理解を醸成する役割は重要である。

デジタル化を推進しないことによるリスクを説明し、経営や事業部門に危機感を持ってもらい、想定しているデジタル化の取り組み内容や既存事業への影響や得られる効果などをよく説明することで、社内のデジタル風土を醸成していくことが求められる。

7-2

企業のデジタル化推進をリードする「デジタル化人材」の育成を考える

デジタル化人材とは

企業のデジタル化を推進する人材を「デジタル化人材」と捉える場合、デジタル化推進組織の構成要員がデジタル化人材と捉えることができる。ここでは「デジタルイノベーション推進組織」「データアナリティクス組織」を構成する要員についての一般論を整理する。

デジタルイノベーション推進組織の構成要員と人材モデル

デジタルイノベーション推進組織は、デジタル技術を活用してイノベーション（新しい価値の創出）を行なう組織であると、大括りで捉えると、組織の構成要員は、「新しい価値の創出」のためのプロセスを担うことになる。

一般的に新しい価値の創出は、以下のようなプロセス／タスクで構成され、それぞれの役割を担う人材モデルが参考定義されている【図7-2】。

図 7-2　新しい価値創出のタスクと人材モデルの一般定義

プロセス	タスク		タスク概要	人材モデル					
				プロデューサー	フィールドアナリスト	ITサービスデザイナー	ITサービスアーキテクト	イノベーティブエンジニア	ビジネスデザイナー
価値発見	フィールドアナリティクス		顧客やユーザーと接する現場や市場を深く観察することで、隠れたニーズを発掘する	●	●				
価値発見	データアナリティクス		顧客やユーザーに関するデータ等の分析･解析によって、隠れたニーズを発見する	●	●			△	
サービス設計	サービスデザイン		把握されたニーズを満たすための具体的なサービスの内容を企画・設計・実現する	●	△	●	△	△	△
サービス設計	ビジネスモデルデザイン		企画されたサービスをビジネスとして成立させる仕組み（ビジネスモデル）を構築・実現する	●	△	△	△	△	●
サービス設計	IT デザイン		企画されたサービスを IT を用いて設計・実装し、実現する	●	△	△	●	●	△
事業創出	プロデュース	リソースアサイン	責任を持ってプロジェクトのリソースをアサインする	●					
事業創出	プロデュース	サービスビジネスプロデュース	責任を持って新しい事業の創出を完遂する	●	△	△	△	△	△
事業創出	プロデュース	IT プロデュース	責任を持って新しい事業における IT の仕組みを実現する	●	△	△	△	△	△

●：主たる活動、△：従たる活動

フィールドアナリスト

顧客のニーズを発見するためのデータ解析を役割とするビッグデータエンジニアや、デザイン手法を駆使してユーザーのニーズを明らかにすることを役割とする。

ITサービスデザイナー

「フィールドアナリスト」によって発見されたニーズを満たし、これまでにない新しい価値をユーザーに提供するためのサービスについて、その具体的なサービス内容を発案し、ITサービスとしての企画することを役割とする。

ITサービスアーキテクト

「ITサービスデザイナー」によって発案されたサービスについて、その内容を企画するとともに、ITを活用して実現するための具体的な仕組みを設計する役割を担う。ITサービスの企画検討からIT面の技術的な設計までの役割を担当する（ITサービスデザイナーは、サービス内容などに特化しており、ITサービスアーキテクトは、ITの技術面に特化している）。

イノベーティブエンジニア

高い技術力を有し、ＩＴサービスの差別化において重要な役割を担う。迅速なプロトタイピングや実装・開発の役割を担う。

ビジネスデザイナー

ＩＴサービス企画・設計段階において重要な役割を担う人材。実際のビジネスモデルの立案／検討を担う。

プロデューサー

新事業／サービスの創出プロセス全体に責任を持ち、各プロセスを主導・牽引する役割を担う。

データアナリティクス組織の主な構成要員

データアナリティクス組織（データ分析体制）は、データ分析を行なう〝データサイエンティスト〟がいればよいというわけではなく、実際にデータ分析で効果を創出するには、複数の役割が連携する必要がある【図7―3】。

図7-3 データアナリティクス組織に必要な役割

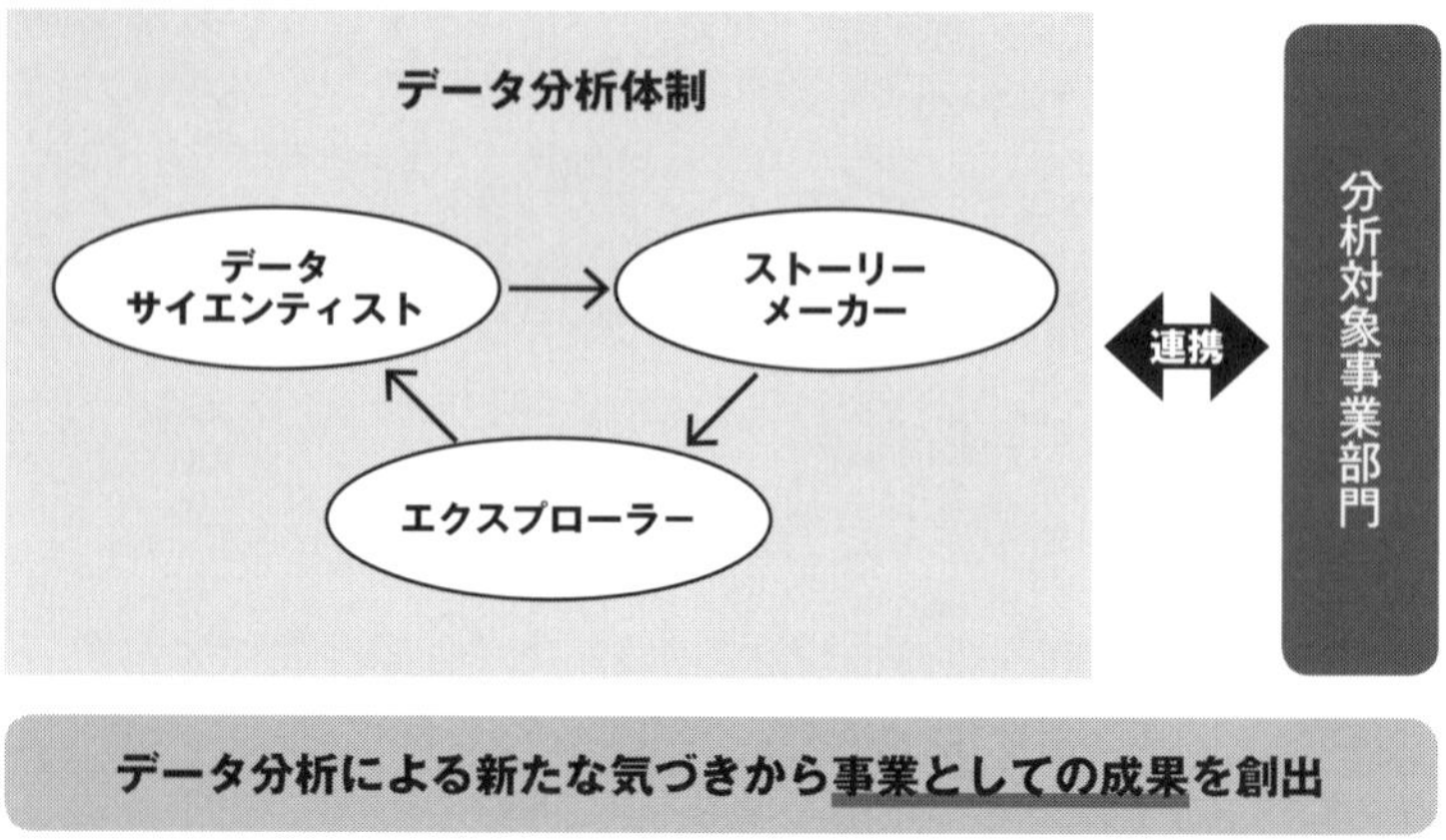

データサイエンティスト

高度な分析に精通した技術者。エクスプローラーから提供されたデータを分析し、データの「相関」をあぶり出す。

ストーリーメーカー

ビジネスの現場に精通した分析者。データサイエンティストが発見したデータの相関に「意味」を与え、分析対象の事業部門関係者に対して提言を行なう。

エクスプローラー

新しいデータを収集または発見し、以下のような対応を行ない、データサイエンティストがデータ分析として利用可能なかたちで提供する。

- データの粒度を揃える
- データ間の関連づけを行なう
- 外部データの利用に関する権利関係をクリアする
- 分析ツールが利用できるデータ管理基盤に格納する など

ストーリーメーカーやデータサイエンティストからデータ分析に必要な情報の要求を受け付け、該当するデータを探索する活動も行なう。また、データ分析はプロジェクトとして推進するため、プロジェクト管理者やデータ分析基盤の整備・維持管理をする役割も必要になる。

デジタル化人材の育成に必要なこと

これまで述べてきたような人材モデルはあくまで標準モデルであり、自社でデジタル化人材を育成していくには、これらも参考にして、自社の必要な人材像を定義し、そのための育成プランを整理する必要がある。以下に、デジタル化人材育成のための検討プロセス

図 7-4　デジタル化人材育成のための検討プロセス

検討プロセス	内容
デジタル化推進組織のミッション定義	デジタル技術を活用することによって、何を実現したいのか、自社にとってのデジタル化とはどういうものなのかなどを整理し、デジタル化を推進するデジタル組織のミッションおよびデジタル化推進活動における役割分担を整理する
デジタル化人材像の定義	デジタル化推進組織のミッション、他部門との役割分担方針などを踏まえて、自社に必要なデジタル化人材の人材像（保有すべきスキルなど含む）を定義する
デジタル化人材の充足可能性の評価	デジタル化人材の人材像定義をベースに、既存人員に対して保有スキルの調査を行ない、既存要員で、必要な人材モデルが必要な人数アサインできるかなどのギャップを評価する
不足人材の調達方針の検討	ギャップ評価に基づき、不足する人材の調達方針を検討する（対象スキルを保有する専門家を中途採用する、新人を育成する、対象人材モデルは外部リソースに業務委託する、など）

を示す【図7－4】。

デジタル化推進組織のミッション定義

「デジタル技術を活用して何を実現したいのか」「自社にとってのデジタル化とはどういうものか」が曖昧だと必要な人材像も曖昧になる。企業のデジタル化は、デジタル化推進組織が主導するとしても、デジタル化推進組織だけで完結するものではなく、経営や事業部門、研究開発部門やＩＴ部門など多くの組織と連携が必要になる。そのため、デジタル化推進組織のミッションを明らかにし、デジタル化推進組織の役割と事業部門やその他関連部門の役割を明確にして全体で共有することが、人材育成だけでなく、デジタル化の推進という主旨でも非常に重要である。

デジタル化人材像の定義

デジタル化を推進する人材の標準モデルはあるが、自社に適用する場合に、必ずしもそのモデルと同じ人材像を定義する必要はない。自社のリソース状況なども考慮すれば、ひとつの人材像で複数の役割を兼務することも想定される。また、自社のデジタル化推進組織のミッションも踏まえて、デジタル化組織内で求められる役割を担うための人材像を定義する必要がある。

たとえば、データアナリティクス人材の人材像を検討する場合、データ分析で成果を出すには役割として「ストーリーメーカー」「データサイエンティスト」「エクスプローラー」が必要だが、これをデータアナリティクス組織の要員ですべて担うことが現実的かはデジタル化人材を検討するうえでの論点になる。

ストーリーメーカー

- 分析対象の業務関連知識が求められるが、データアナリティクス組織で自社のさまざまな業務の知識を持つことが現実的か

- 従来からデータ分析を実施している部門（たとえば、品質保証部など）の要員は、対象業務に精通しているが、そのような要員との棲み分けをどう考えるか

データサイエンティスト

- データアナリティクス組織に求められるデータ分析知識はどのレベルなのか。ニューラルネットワークやディープラーニングなどのコアな統計解析の知識を求めるのか、それともデータ分析そのものはツールで実施する前提で、ある程度一般化された統計解析のアルゴリズムの知識があり、分析課題に対してどのような分析手法を活用すればよいかを判断できるレベルでいいのか、など
- 従来からデータサイエンティスト的な分析を実施している研究開発部門との棲み分けをどう考えるのか

エクスプローラー

- データ管理基盤の構築・維持は、ＩＴ部門とエクスプローラーのどちらが担うのか
- データを全社的に活用していくには、データ／コードの標準化も求められる。従来からの標準化推進の担当者との棲み分けをどう考えるか

- 今後は外部の第三者データが提供するデータの活用なども想定されるため、そういった外部データの利用において権利関係の問題の対応は、従来のコンプライアンス系の担当者の役割とどう分けるのか、など

デジタル化人材の充足可能性の評価

自社に必要なデジタル化人材の定義ができたら、既存の要員で人材モデルに合致する要員がどの程度いて、本来必要と想定される要員体制とのギャップを評価する必要がある。このギャップ評価を踏まえて、人材の育成方針や不足する人材の調達方法などを検討する。

一般的にはスキル調査を行なうことで、組織としてのスキルの状況を評価する。調査の方法としては、たとえば業務の遂行力を以下のようなレベル定義をして評価する。

●レベル定義例

・レベル0：未経験で知識もない
・レベル1：未経験だが知識はある
・レベル2：上司の具体的な指示のもとで実施したことがある
・レベル3：業務の中の一部分は独力で実施できる

・レベル4：当該業務を独力で実施できる
・レベル5：当該業務で難易度が高いものも独力で実施でき、後進の指導もできる

ただし、評価基準がバラバラになると調査結果としての信憑性も揺らぐため、上司がチェックするなど基準の揺らぎを抑えるフォローが必要だ。上司のチェックも上司間で基準が揃わない懸念もあるため、スキル調査前に調査の主旨や考え方などを周知して実施することが調査結果の信憑性を高めるポイントになる。

また、こういったスキル調査は、その性格上、人事考課との関連性が取り沙汰され、調査が進められない場合もある。会社の人事部門と連携して、人事制度の一貫として強制力を持たせて実施するか、あくまで育成のための現状を把握するものであり、人事考課とは別であることを明確にして実施するかなど、自社の状況を踏まえて実施する。

不足人材の調達方針の検討

ギャップ評価により不足する人材の整理ができたら、その不足を埋めるための対応を検討する。そのひとつの手段が育成・教育になるが、育成は中長期的な取り組みになるため、短期的な施策も併せて検討する必要がある。

●育成以外の取り組みの例

・不足する人材の要件を整理し、即戦力として中途採用を行なう

・外部ベンダー／コンサルタントなどに業務委託として入ってもらい、当座は外部の専門家に不足する役割を担ってもらいつつ、その活動のなかで社内要員を育成する

・事業部門からの異動（ローテーション）により、不足する人材を補充する

・不足する人材が担う業務そのものをアウトソースする

7-3

デジタル化時代に合わせて変容する新しい「ＩＴ部門・ＩＴ人材」像

デジタル化時代のＩＴ部門への期待変化

デジタル化の進展に伴い、ＩＴ部門への期待も変化してきている。しかし、多くの日本企業のＩＴ部門は、管理すべきシステムは増加／複雑化してきているにもかかわらず、リソースも十分に与えられていないことが少なくない。その結果、既存の業務に忙殺され、経営・事業部門からの期待に応えるための組織・人材改革に取り組める状況にない場合が多い。

【従来の期待】　システムの着実な構築と安定稼働を実施する部門
【今後の期待】　ＩＴを活用し、ビジネスモデル／業務プロセスの変革を牽引する部門

そのためＩＴ部門は、従来のような経営や事業部門からの依頼に基づいてシステムを高品質に構築するというスタンスから、ＩＴ部門が事業・経営の課題を把握し、ＩＴを活用

図7-5　ITの期待価値の変化に伴うIT部門の変革要請

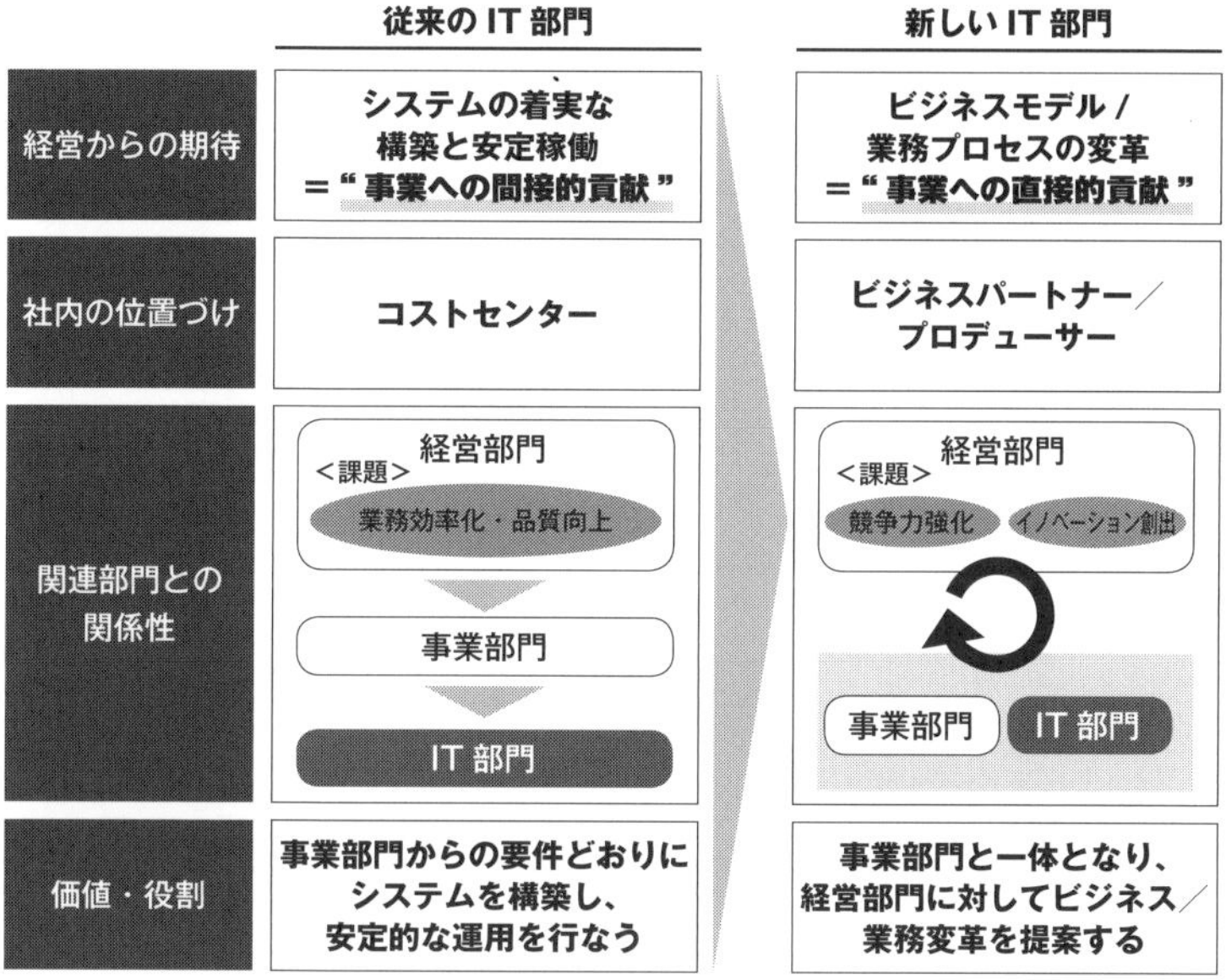

	従来のIT部門	新しいIT部門
経営からの期待	システムの着実な構築と安定稼働＝"事業への間接的貢献"	ビジネスモデル／業務プロセスの変革＝"事業への直接的貢献"
社内の位置づけ	コストセンター	ビジネスパートナー／プロデューサー
関連部門との関係性	経営部門＜課題＞業務効率化・品質向上 → 事業部門 → IT部門	経営部門＜課題＞競争力強化　イノベーション創出　⟳　事業部門／IT部門
価値・役割	事業部門からの要件どおりにシステムを構築し、安定的な運用を行なう	事業部門と一体となり、経営部門に対してビジネス／業務変革を提案する

した技術ドリブンの事業改革を提言していくような、より戦略的な組織になることが求められている【図7-5】。

デジタル化時代のIT人材への期待変化

IT部門への期待変化に伴い、IT人材の役割期待についても変化が起きている。

たとえば、データアナリティクス人材や、デジタルイノベーションを推進する人材が新しいIT人材モデルとして追加されている。

IT人材に関しては、従来か

ら標準的な人材モデルが、ＵＩＳＳ（情報システムユーザースキル標準）／ＩＴＳＳ（ＩＴスキル標準）に定義されている。定義そのものは変わらないが、期待する役割に変化は起こっている。

【図7−6】に、ある製造業の人材モデルの見直しの検討事例を示す。この検討事例では、クラウドなどの外部サービスの利用が増え、ＩｏＴ／ＡＩなどのデジタル技術も日々進化している状況から外部サービスや技術の目利き力をより重視するようにしている。また、ＩＴの活用領域の広がりとＡＰＩ[2]やマイクロサービスなどの技術の進展から、外部との連携にフレキシブルに対応できる柔軟性が求められるようになっている。「技術評価（標準化）」の人材の重要度は変わらないが、求めるＩＴアーキテクチャーが変わってきているため、求めるスキルも変わってきたのだ。

逆に、従来のＩＴ部門に求められていた個別システムの開発や運用に関するスキルは、外部サービスの利用拡大の流れを受けて、相対的にその重要度は下がってきている。

デジタル化時代のＩＴ組織改革／人材育成の取り組み

ＩＴ部門はビジネスモデル／業務プロセスの変革を先導するビジネスパートナーとしての役割を期待されていることを考えると、その実現には従来からのＩＴ知識などの技術視

図 7-6　既存 IT 人材モデルの役割期待の変化（事例）

IT 業務機能／IT 人材像	自社（グループ）内の IT 人材への期待の変化		自社要員が主に対応	
IT 戦略	↗	最新 IT 技術を自社の新ビジネス（商品）に応用する目利き	●	強化が必要
IT サービス管理	↗	クラウドや外部サービスの評価・選定やベンダーマネジメント力	●	
業務支援（要件定義）	↺	自社の業務知識だけでなく、海外展開・M&A・異業種参入におけるビジネスの仕組みを支援する提案力	●	期待スキルの変化
技術評価（標準化）	↺	排他的な標準ではなく、新技術・サービスへの拡張性を評価	●	
IT 監査	→	従来どおり、新技術を見通しながら課題を見出すスキル	●	
コンプライアンス・リスク管理	→	新しい技術から生じるリスクを理解したうえでの管理スキル	●	
プロジェクトマネジメント	→	大規模開発や他社連携案件などで、重要さは変わらない	▲	
IT 基盤・運用設計	↘	クラウド・サービス化が進むなかで、委託先に任せる傾向		国内では内部に抱える必要性が減少
IT オペレーション管理	↘	クラウドの普及のなかで、いっそうアウトソーシングの傾向		
IT 教育	↘	技術の変化が速く、内製化する企業は少ない		
システム開発	↘	グローバル化・サービス化で国内の開発は減少傾向		
システム運用	↘	クラウドなど、外部サービスの採用のなかで、外部化が進展		

【凡例】矢印は人材ニーズの増減傾向を示す。↺ は期待されるスキルが変化していることを示す

点の知見だけでなく、経営・業務視点も併せ持つことが求められる。

ＩＴの知見もあり、事業・経営に関する知見もあるハイブリットなＩＴ人材を育成していくには、事業部門などと積極的に連携して、事業・経営視点を持てるようにしていくことが考えられるが、多くの企業のＩＴ部門では以下のような課題があり、組織改革／人材育成が実施できていない。

・既存システムの維持管理（守り）などの仕事に忙殺され、新たなことに取り組む余力がない
・業務部門との壁があり（IT部門への期待が薄く）、業務部門から業務課題などの情報がタイムリーに連携されない（相談されない）
・求められる内容がこれまでとのギャップが大きすぎて、スキルの前にマインドシフトが進まない
・日々進歩する先端技術の変化スピードに追随できていない
・ビジネスや技術への感度を高めるために、多種多様な経験を積ませたいが、自社・自部門内に育成する場ない
・初めての取り組みが多く、どのように育成してよいかわからない／育成できる人材もいない

これらの課題を解決するためには、主に以下のような取り組みが必要となる。

①IT部門の目指す姿、担う役割の明確化と全社への周知・浸透

デジタル化推移新組織の整備の部分で記載したが、デジタル化時代におけるIT部門のミッションを定義し、IT部門として求める人材像を明確にする必要があり、かつそれを事業部門や経営層も認識する必要がある。

デジタル化時代に合わせてIT部門のミッションの見直しを行ない、求められるIT人材モデルを再定義し、IT人材戦略のなかにデジタル化人材の要素も組み込むことが必要となる。また、それに合わせたIT人材管理プロセス（採用、評価、育成、配置／異動）の整備も求められる。

②IT部門の意識改革

IT部門が、組織のデジタル化に対応していける組織になるには、従来の受身的な仕事の進め方から、提案型への変革が必要であり、IT要員に対してマインドチェンジを促す必要がある。

デジタル技術の進展に伴い、システムの種類も従来のシステムとデジタル系のシス

テムの2種類に考え方が分かれてきている。一般的に、従来からある信頼性や安定性を重視したシステムを「ＳｏＲ[3]（System of Record）」と呼び、デジタル技術を活用して、俊敏性を重視しアジャイル的なアプローチをするシステムを「ＳｏＥ（System of Engagement）」と呼ぶ。デジタル化時代に対応していくには、新たにＳｏＥへの対応が必要となる（ただし、ＳｏＲが不要になるわけではない）。

ＳｏＥシステムの開発は従来型のウォーターフォール的な考え方ではなく、スピード重視で失敗を許容し、多様性を受け入れるなどのマインドチェンジが必要となる。開発体制も工程別の明確な役割分担ではなく、全員が要件定義から開発・保守まですべてをこなす進め方になるため、それに合わせた体制／開発手法の整備を行なう。これにより即時開発／即時リリースのような対応が可能となり、デジタル化時代に対応した顧客に近いビジネスを推進できる。

ＩＴ要員へのマインドチェンジのやり方は、ＫＰＩを新しい業務に合わせたものに設定するなどもあるが、結局は、「従来からのＳｏＲシステムの重要性が低くなるわけではないが、デジタル化に向けては考え方の異なるＳｏＥシステムへの対応も必要である」という趣旨と、それに対する行動指針をことあるごとに繰り返し説明し、刷り込んでいくことだ。しかし、社内の要員が説明しても、なかなか受け入れられないことも多いため、最初は外部の専門家（コンサルタントなど）を活用することも有効である。その後の展開は、社内でデジタル化の実績を上げ、その実績によってマインドチェンジの必要性を周知することで推進していく。

③他部門・外部組織との積極的な連携

デジタル化時代のシステムはあらゆるものとつながり、外部のサービスなどを積極的に利用するため、活動がＩＴ部門内だけに閉じていては従来のＩＴ部門からの脱却は難しい。

ＳｏＥシステムは、顧客の要望をフレキシブルに取り込んで、カスタマーエクスペリエンスを実現していくことになるため、ＩＴ部門に閉じていてはその実現も難しく、事業部門との連携が必須になる。しかし、現状課題としてＩＴ部門のプレゼンスの低さがあり、事業部門と連携しようとしても、そういった場の創出が難しい。

まずは既存システムとの関係性などからＩＴ部門との近い関係にある事業部門や、ＩＴ活用による事業改革に積極的な部門を選定して積極的に交流することだ。ＩＴを活用した事業貢献のネタを入手する機会を増やし、小さくてもよいので、実際の効果を積み上げて事業部門からの信頼を得ることでプレゼンスが向上すれば、事業部門から新たな事業改革の相談が持ちかけられるようになる。次の事業貢献の活動へとつながるため、このサイクルが回り出すと、デジタル化人材の育成の場の創出にもなる。

デジタル技術を活用して成果を上げることを、すべて社内だけで完結させることは不可能ではないが、ビジネスエコシステムの考え方の浸透などからも非効率である。そもそも新しい技術は一般的にオープンな場で革新が進んでいる。これらの技術革新に追随していくには、社外の専門家などとも積極的に連携していくことだ。

デジタル化時代に対応したITガバナンスの見直し

ひとくちに「ITガバナンス」といっても定義はいろいろあるが、一般には「経営・事業の目的を実現するために適切にITが利活用されることを確実にするための運営ルールや枠組みを整備すること」である。

では、デジタル化時代において従来のITガバナンス整備から何が変わるのか。

デジタル化時代のIT部門の大きな変化は、システムで取り扱う〝情報〟の幅と量が劇的に増えたことにある。外部のデータ事業者が提供する第三者データの活用なども想定され、これらデータの利活用には2次利用などで制限がある場合もある。データを安全に活用するためのルールや、そのための管理体制の整備は必要となる。また、自社で保有する情報も積極的に活用していくために、自社内のどこにどのような情報があるのかといった

図 7-7　IoT システムの IT 部門と設備管理部門の役割例

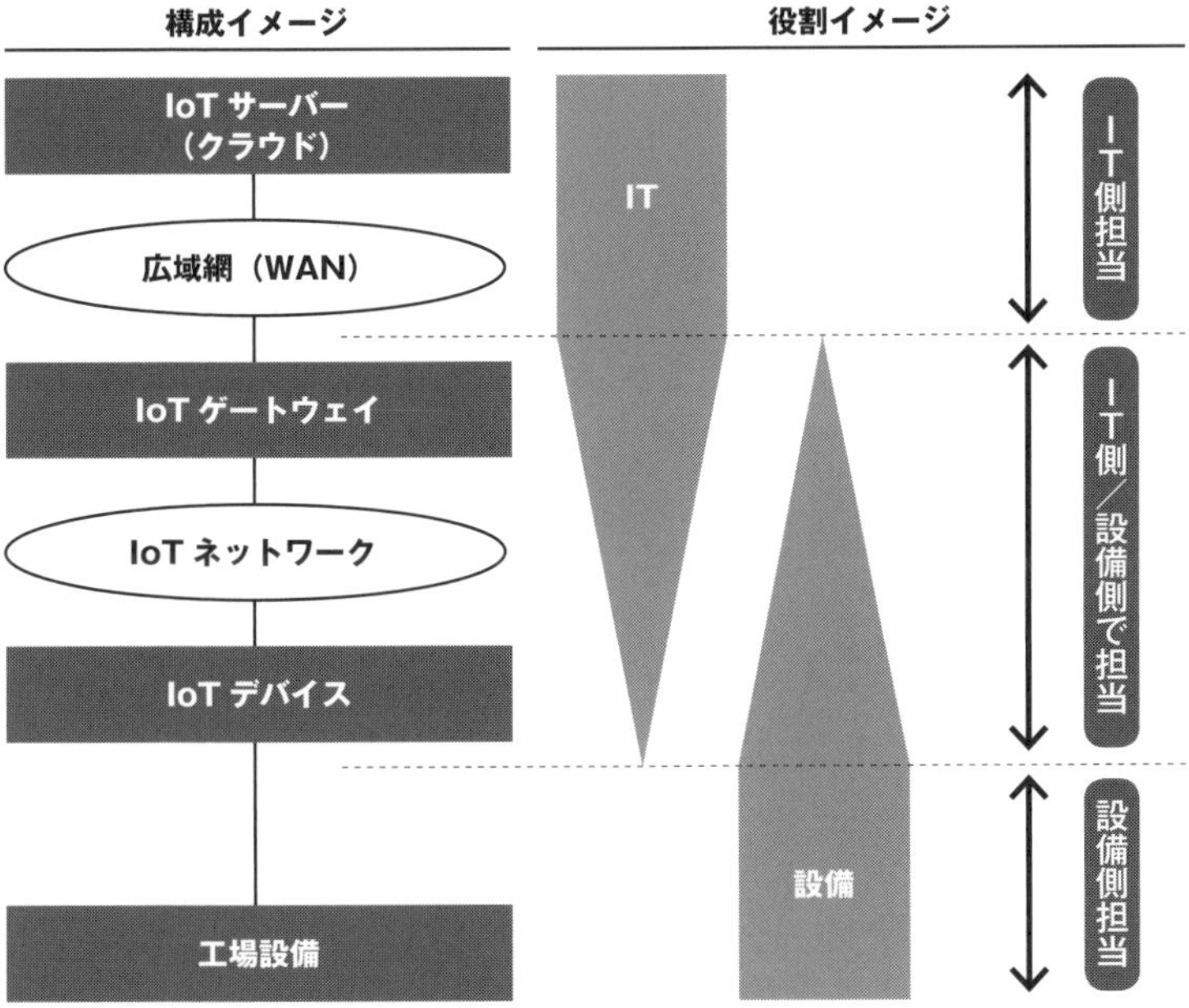

〝メタデータ〟の整備・維持管理に関するルール整備も求められる。

またIoT対応として、センサーなどを経由して工場設備のデータを取得する仕組みを整備すると、従来ITが管理する資産でなかったものもITの管理下になってくることが想定される【図7-7】。センサーなどに代表されるIoTデバイス類はIT資産として管理すべきかは、ひとつの論点になる。すべてのモノがネットワークにつながるため、情報セキュリティーの観点ではＩＴ部門の関与は必要だが、ネットワークにつながればすべてＩＴ資産であるといい切れるものでもない。

仮にセンサーをＩＴ部門が管理するＩＴ資産とすると、ＩＴ部門が工場設備に付けるセンサーの仕様を決めるといったことが、現実的なのかとの意見もあるだろうし、工場設備に付けるセンサーであれば、工場の設備管理担当が管理するという考え方もある。工場設備の場合は設備担当という選択肢があるが、たとえば、「ドローンはＩＴ資産なのか」という問いに対して、現時点では明確な定義もない状況であり、自社内の各組織で共通認識を構築するしかない。これらの新しい資産の管理方法に関するルールや考え方の整理も早急にする必要がある。

ＩＴ部門がＩｏＴなどの仕組み整備を主導する立場とすれば、将来的にはＩＴ部門が管理するものになると想定されるが、いきなりすべてをＩＴ部門で管理することも現実的には難しいため、自社のデジタル化の整備状況を見ながら段階的にＩＴ部門の管理範囲を広げていくのが現実的だろう。

センサーや工場設備などがつながるネットワークは、従来は外部との接続がないこともあり、ＩＴ部門の管理外であった場合も多いが、今後はインターネットなどの外部ネットワークとつながるため、基幹系ネットワークと同様にきちんとした管理方法および情報セキュリティー対策などの整備が必要だ。

サイバーセキュリティーリスクに対応して、各国でも情報セキュリティーに関連する法制度が整備されつつあり、代表的なものとして欧州におけるＧＤＰＲ（ＥＵ一般データ保護規則）対応や、米国のＮＩＳＴ（国立標準技術研究所）が定めているセキュリティー対策基準であるＮＩＳＴ　ＳＰ８００対応などがある。ＩＴ部門としてこれらへの対応も求められる。

ＩＴ部門におけるデジタル化対応の立ち上げ方

「攻めのＩＴ経営」の実現に向け、ＩＴ部門にデジタル化推進の部署をつくれば、自社のデジタル化が進むのかというとそう単純ではない。

デジタル化推進の目的は、通常は事業強化／新サービス創出などになるため、事業部門の協力が必須だが、一般的にＩＴ部門はシステムの維持管理部門として見られており、経営・事業部門からの戦略的な期待値は低く、社内的にもプレゼンスが低い。そのためデジタル化推進組織が事業強化に向けて相談するに足る組織であることを認知してもらわないと、ＩＴ部門としてデジタル化推進はおぼつかない。

デジタル化推進組織として事業部門に認知してもらうには、ＩＴ部門にデジタル化推進のノウハウを蓄積し、それをテンプレート化し、社内に広く展開し、社内でデジタル化推進の実績を上げていくことだ。しかし、ＩＴ部門にノウハウを蓄積するには、ノウハウ蓄積に協力してもらえる事業部門が必要となる。また、協力してもらえる事業部門があっても、ＩＴ部門側が事業改革に貢献できるスキルがあることを事業部門側に感じてもらえないと、「ＩＴ部門は情報提示だけは求めてくるが、情報を出しても何も効果的な対策を提示してこない」などと思われてしまう。そうなると具体的な成果を出せずに終わってしまい、ＩＴ部門が主導するデジタル化推進の流れに水を差しかねない。

ＩＴ部門にデジタル化対応のノウハウがない段階では、次の２点がデジタル化推進組織の立ち上げ時に課題になる。

①どのように事業部門からデジタル化対応の案件を獲得してくるか

②デジタル化対応のデリバリーをきちんと遂行できるか

具体的な課題の対応方法は、各社の状況によって異なるが、日立製作所内で社内グループ向けにデジタル化推進を担当する部署を整備した際の立ち上げ時の取り組みを参考として以下に示す。

組織立ち上げ段階で、事業部門からデジタル化案件を獲得するための考慮点

日立グループでは、デジタル化対応を最終的にはソリューション化して外販していくことを目指している。〝日立グループ内での適用実績がある〟ことは大きな訴求ポイントになるため、社内での展開を推進する組織としてデジタル化組織を整備した。

デジタル化組織の部長は、半導体製造部門での経験が長く、ITだけでなくOT[4]（制御・運用技術）の知見もあった。半導体製造部門で「MES[5]（製造実行システム）」のデータを分析して多品種の半導体製品の歩留まりや品質の改善、コストの削減やリードタイム改善に取り組んできた経験から、事例を積み上げて分析基盤／分析手法を整理してテンプレートとして整備すれば、社内のあらゆる部署でも効果を創出できると考えていたし、デジタル化によって扱えるデータ自体が増えているため、より大きな効果が創出できるとも考えていた。

そのコンセプトをデジタル組織の部長が事業系の部長に説明して回り、共感してもらえた部署からは、ノウハウ蓄積に対して協力を得られた。当初はデジタル化対応を社内の構造改革プロジェクトの一環として推進し、事業部門としても取り組みやすい流れをつくった。現在では、成果が出た事例をもとに作成したテンプレートを社内の他事例に横展開を

図っている。

立ち上げ段階でデジタル化対応のデリバリーをきちんと実施するための考慮点

取り組みに共感してもらっても、デジタル化の推進を実施するＩＴ部門要員が、事業部門の人たちにとって自身の事業課題の解決を本当に支援してくれる人たちだと認識してもらえなければ、実際の検討に入って現場の人たちと本当の意味での協力関係を築くことは難しい。事業部門の人たちに「わかっているな」と思わせるには、対象事業に対する知識（ドメイン知識）が必要になる。ところが、ＩＴ部門には、そういった知識がないことが多い。それを補うために、日立グループ内の研究所に協力を仰ぎ、該当する事業に関する研究所の専門家をアサインした。そして研究所の要員が支援対象の事業／業務の課題を評価する分析モデルを構築し、ＩＴ部門の要員がプロジェクトとしてきちんと管理しながら、取り組みを進めることで事業部門と共同で具体的な成果を創出した。

また、こういった活動の推進には、事業部門側の立場に立って「真に困っていることは何か」を整理してＩＴ部門側に通訳できるスキルが重要だ。これらのスキルは優秀であると評価されている業種ＳＥ（アカウントＳＥ）に備わっていることが多いため、最初にそうした要員をアサインするなどの考慮もした。

ある程度ノウハウが蓄積できてデジタル化の実績が出ると、社内的なプレゼンスも上がるため、事業部門側から問い合わせが入るようになる。そうなれば、若手もプロジェクトに参画させ、ＯＪＴとして実務経験させることで組織的にスキルの底上げもできるようになる。

【本章の用語解説】

＊1　ニューラルネットワーク……人間の脳内にある神経細胞（ニューロン）とそのつながりである神経回路網を人工ニューロンという数式的なシミュレーションによって表現することを目指した数学モデルのこと。

＊2　API……アプリケーション・プログラミング・インターフェース（Application Programming Interface）の略で、あるコンピュータプログラム（ソフトウェア）の機能や管理するデータなどを、外部の他のプログラムから呼び出して利用するための手順やデータ形式などを定めた規約のことを指す。

＊3　SoR……システム・オブ・レコード（Systems of Record）の略。その言葉どおり、「記録のためのシステム」で、従来の基幹系システム全般のことを指す。一方、SoEと呼ばれるシステム・オブ・エンゲージメント（System of Engagement）は、「エンゲージメント」という言葉が本来の「婚約」などを意味から転じて、マーケティング業界で「つながり」や「絆」といった意味を持つように、「顧客とのつながりを構築するためのシステム」と解釈され、顧客視点を取り入れたシステム設計概念である。

＊4　OT……制御・運用技術（Operational Technology）のこと。交通手段やライフラインといった社会インフラに必要な製品や設備、システムを最適に動かすための「制御・運用技術」のこと。今後、スマート製造業の実現に向けて、OTとITの融合の重要性がますます高まっている。

＊5　MES……製造工程の把握や管理、作業者への指示や支援などを行なう「製造実行システム（Manufacturing Execution System）」のこと。作業手順管理、入荷・出荷管理、品質管理、保守管理など11の機能があり、その機能すべてを用いるのではなく、必要に応じて各機能を利用するのが一般的。製造業において、ヒト・設備・時間の限られた生産資源を最適化する仕組みをつくることが重要だが、MESは、製造オペレーションにおける情報管理の中心的な役割を担う。

第8章

顧客課題にフォーカスした
デジタルソリューション

8-1

「システムインテグレーション」売りから「デジタルソリューション」売りへ

日本と米国でのITビジネス環境の違い

デジタルソリューションのつくり方を論じるうえで、まずは日本の現状のITビジネス環境の特徴を押さえておきたい。

「ITサービス企業IT技術者数」と「ユーザー企業IT技術者数」の比率は、米国が「34・6対65・4」とユーザー企業側にIT技術者を多く抱えているのに対して、日本は「72対28」と、米国とは逆の結果となっている（出典：独立行政法人情報処理推進機構「IT白書2017」）。この違いはITビジネス環境の違いに基づいており、以下の違いを生み出している。

日本では、ユーザー企業からのIT化要求に従ってITサービス企業が大規模システム開発（SI：システムインテグレーション）を行なっている。それに対し、米国ではITリソースを抱えるユーザー企業のシステム自前主義が主流で、彼らがクラウドを活用することで、リソースの調達や構成の変更などを容易にし、自社のITエンジニアの生産性を高め、コスト削減を達成する状況となっている。

どうやら日本の状況はグローバルから見ると特殊である。いつまでも日本特有となりつつあるＩＴビジネス（ＳＩ売り）のままでは、ＩＴサービス企業、ユーザー企業ともにグローバルでの競争に生き残れないのではないか。

SI売りから、デジタルソリューション売りへ

日本のＩＴビジネス環境を振り返るうえで、私たちの親会社である日立製作所におけるＩＴビジネスを振り返ってみたい。日立製作所では、これまでクライアント企業の要望を聞き、それをシステム化する「ＳＩ売り」が主流であった。その結果、個々の企業ごとにカスタマイズされたシステム構築に陥りがちで、また単なるシステム化提案では競合ＳＩベンダーとの差別化が

図 8-1　日立製作所が考える「社会に提供する価値の大きさ」

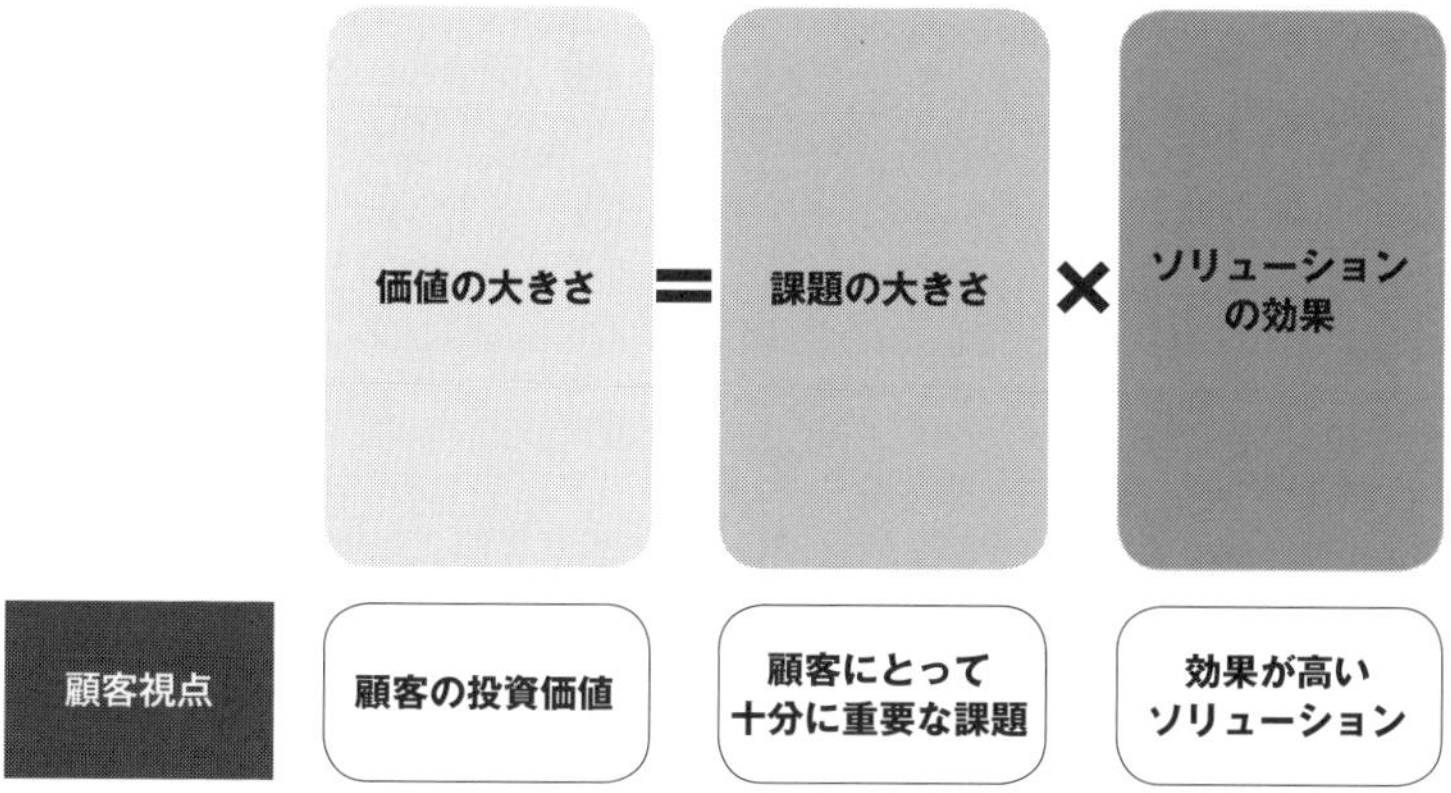

困難なことから価格競争となり、利益率を上げるのが難しい状況となっていた。また、自社のさまざまな技術をお客様に紹介し、それをどう使うかはお客様に委ねてしまう、いわゆるシーズドリブンなアプローチが主流となる傾向があり、残念ながらお客様が本当にお金を払ってもいいと思える課題に直接リーチできているかが曖昧な状況となっていた。こうしたことを踏まえ、日立製作所では、従来の御用聞き的なSI売りから、社会に提供する価値の大きさにフォーカスした、「デジタルソリューション売り」である、「社会イノベーション事業」にITビジネスを広げていこうとしている【図8−1】。

ここでの「社会イノベーション事業」とは、制御・運用技術であるOT（オペレーショナル・テクノロジー）とIT、プロダクト&システムを組み合わせたトータルソリューションを提供し、社会やお客様が直面しているさまざまな課題を解決することを目指した事業を指す。ここで重要となるのは、社会やお客様の課題であり、その解決による価値の大きさにフォーカスしていることが特徴である。

フォーカスする「価値の大きさ」とは、「顧客の課題の大きさ」と「自社のソリューションの効果」を掛け合わせた結果で、ソリューションは「IT×OT×プロダクト&システム」で実現されるデジタルソリューションを指す。この取り組みは、「顧客の課題の大きさ」にフォーカスして検討をスタートすることから、いわゆるニーズドリブンなアプローチである。

　このようなニーズドリブンな考え方、デジタルソリューション売りの考え方は、必ずしもＩＴサービス企業だけに必要なものではないだろう。これからのデジタル社会を睨み、デジタルソリューションを検討する必要があるユーザー企業においても示唆に富んだものであると信じている。以下、この考え方の詳細を紹介していきたい。

8-2

「デジタルソリューション売り」に必要な4つの視点

社会イノベーション事業に必要な評価視点とは?

「デジタルソリューション売り」をつくり出すために必要となる評価視点について、私たちが支援を行なっている日立製作所（以下、日立）の社会イノベーション事業でのケースに基づき紹介したい【図8―2】。同社の社会イノベーション事業は、ニーズドリブン（イシュードリブン）なアプローチである。したがって、まず解決を目指す「顧客課題」を明確にする。「顧客課題」に関しては以下が評価視点となっている。

・課題は十分に重要か（顧客が対価を支払う価値を十分に訴求できるか）
・課題は顧客以外の社会や業界にとっても重要か（価値が個別の顧客固有のものになっていないか）

次に「顧客課題」に対して、どの「ソリューション」で対応するかを以下の評価視点で明確にする。

図8-2　日立製作所の社会イノベーション事業に必要な評価視点

項目	概要
顧客課題	課題は十分に重要か （顧客が対価を支払う価値を十分に訴求できるか）
	課題は顧客以外の社会や業界にとっても重要か （価値が個別の顧客固有のものになっていないか）
ソリューション	競合と比較し、十分に効果的か （自社の強みがどこにあるか）
	効果の出る理路は明確か （課題に対して十分な価値を創出できるか）
	技術・ノウハウなどによる差別化はできるか
デリバリー	価値を顧客・市場に届ける道筋は明確か
	価値を利益に変える道筋は明確か
社会貢献	一顧客の利益にとどまらず、 社会への貢献が考えられているか

・競合と比較し、十分に効果的か（自社の強みはどこか）
・効果の出る理路は明確か（課題に対して十分な価値を創出できるか）
・技術・ノウハウなどによる差別化はできるか

「顧客課題」と「ソリューション」が十分に検討されたうえで、どのように「デリバリー」を行なうかを明確にする。以下が評価視点となっている。

・価値を顧客・市場に届ける道筋は明確か
・価値を利益に変える道筋は明確か

最後に、日立の社会イノベーション事業では、「社会貢献」の視点も取り入れており、以下が評価視点となっている。

・一顧客の利益にとどまらず、社会への貢献が考えられているか

8-3

失敗リスクを低減するための「ステージゲート」を設定する重要性

5つの「ステージ」と4つの「ゲート」

日立製作所の社会イノベーション事業では、多くの製品や技術開発テーマを効率的に絞り込んでいく「ステージゲート法」を用いて案件に対する審査を行ない、早期に問題点やリスクを把握して対策を実行することで、手戻りの排除やリソースの最適配分を行なっている。これは、従来のSI案件と同じ管理で進めることで玉石混交の案件に対する打ち手が後手となり、結果的に〝石〟である案件に貴重なリソースを浪費してしまい、〝玉〟である最も優先すべき案件へのリソース集中が遅れてしまった過去の反省に基づいている。

「ステージゲート法」とは、1980年代にカナダのロバート・クーパー教授が開発した、技術・製品開発のテーマ・プロジェクトに関し、アイデア創出から市場投入までのプロセスをマネジメントするフレームワークである。プロセスを複数の活動（ステージ）に分割し、次のステージに移行する前に評価を行なう場（ゲート）を設けて、アイデアを絞り込みつつ、事業化へと誘導する手法だ【図8-3】。この手法を活用し、検討の早期段階から意

図8-3　ステージの概要

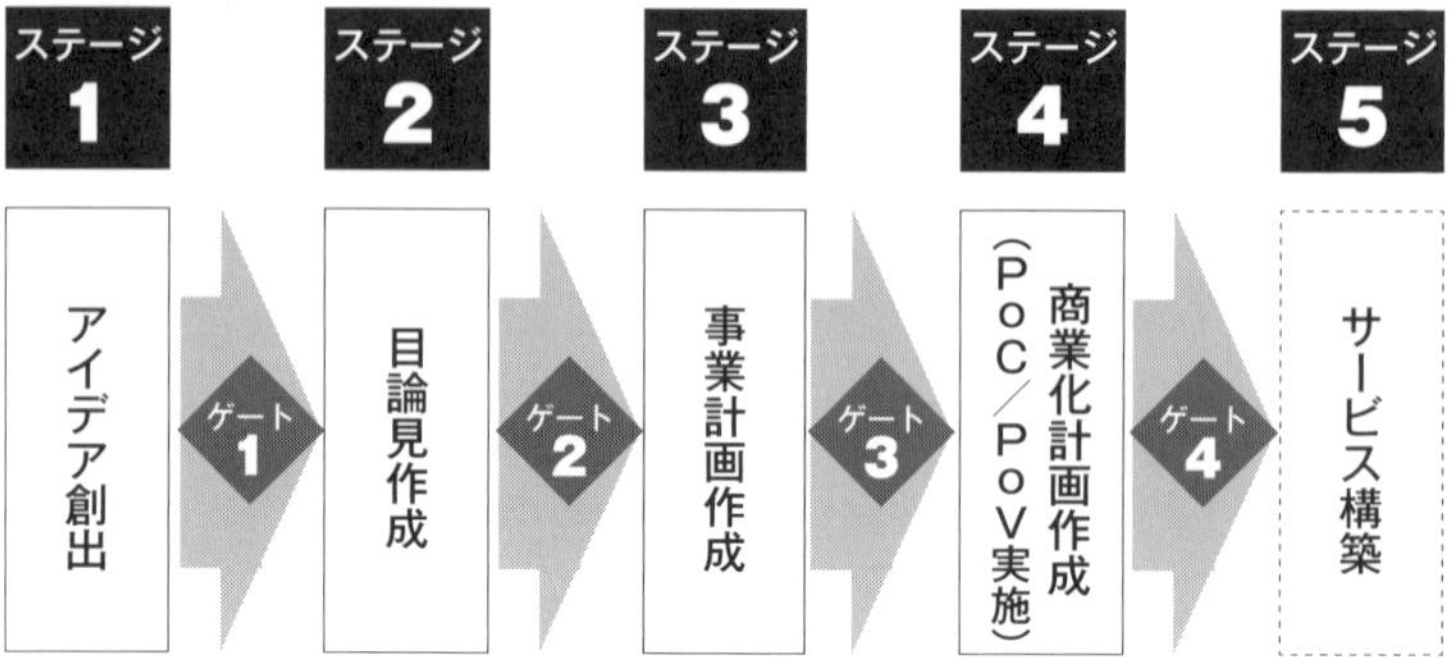

図的にゲート（次のステージに移行する前に評価を行なう場）を設定し、提供する価値の大きさが妥当なのか、その価値を生み出す理路や、そのためのソリューションが勝てるかを徹底的に磨き上げることに注力している。

こうした手法はデジタルソリューションをつくり出すうえで、失敗リスクを低減するには有効だ。一方で、問題解決などに役立つ思考の枠組みでしかなく、直接的によい事業アイデアを生み出す類のものではないことを認識しておく必要がある。

各ステージゲートの概要は以下のとおりである。

《ゲート1》

「ステージ1：アイデア創出」に対するステージゲートである。ここでは、「顧客課題」が明確であり、「ソリューション」のアイデアが合理的かを評価している。

《ゲート2》

「ステージ2：目論見作成」に対するステージゲートである。ここでは、「ソリューション」の効果を定量的に示すことが難しくても、少なくとも理路を明確に定性的なレベルでは説明できることが求められる。また、ビジネスモデルが描けていて市場規模が推定できるかを評価している。

《ゲート3》

「ステージ3：事業計画作成」に対するステージゲートである。ここでは、ＰｏＣ／ＰｏＶ[1]（プルーフ・オブ・バリュー：価値実証）に進むべきと判断できる、十分な事業性と実現性の根拠を評価している。

《ゲート4》

「ステージ4：商業化計画作成（ＰｏＣ／ＰｏＶ実施）」に対するゲートである。ここでは、ＰｏＣ／ＰｏＶの事業性と実現性の検証結果から商業化の妥当性を評価している。

なお、「ステージ5：サービス構築」は、従来のＳＩ案件と同じ管理となることから詳細は割愛する。

8-4

各ステージのゲート診断の評価に必要な「必須項目」と「推奨項目」

社会イノベーション事業に必要な評価視点とは?

　各ステージの終わりにゲートを設定し、マネジメントと現場が同じフレームで評価を実施することで、必要なタイミングに必要な検討が行なわれているかを可視化し、ＰＤＣＡサイクルを回している。各ゲートでは、「社会イノベーション事業に必要な評価視点」に基づいた評価項目を設定し、その時点で必ずクリアしているべき「必須項目」と、その時点でのクリアは必須ではないが、そのあとのゲートで問われることを意識しておくべき「推奨項目」に選別し、ゲート診断を実施している。各ゲート診断の評価項目は以下のとおりである。

《ゲート1》【図8－4】

　ここでは、市場ニーズ・顧客課題とその重要性の根拠が明確となっているかが最重要なポイントとなる。これを判断するのは実は簡単ではない。対象となる業界や顧客に対する

図8-4　ゲート1の必須項目と推奨項目

ゲート1	必須項目	推奨項目
顧客課題	✓市場ニーズ・顧客課題とその重要性の根拠が明確か？	なし
ソリューション	✓競争環境を勘案して、ソリューションの強みを見出せるか？ ✓ソリューションによる価値が明確か？ ✓ソリューション実現の現状ステータスが明確か？ ✓想定効果が出る理路が明確か？	✓自社が取り組むべき事業か？　自社の選択と集中の方針に合致しているか？ ✓ソリューション価値の実現に必要なリソース・サービスの仮説（本番の事業化体制のイメージ）を検討しているか？ ✓ソリューション成立の前提条件（法律的・社会的）を特定しているか？
デリバリー	なし	なし
社会貢献	なし	✓将来ビジョンに顧客以外への社会的メリットが明確か？

インサイトが十分にないと実際に判断することはできないだろう。

課題が明確になると、次はソリューションの検討となる。ここでは、課題がなぜ解決できるのか、その理路を明確にすることが重要となる。その因果関係を明確にすることで、採用するソリューションの価値も明確にすることが可能となる。また、競合状況を十分に調査し、勝てるシナリオを描くことができるかを検証することも重要である。

図8-5　ゲート２の必須項目と推奨項目

ゲート2	必須項目	推奨項目
顧客課題	✓想定顧客が特定されているか? ✓ターゲット顧客・マーケットの課題が明確か? ✓メリットを享受するステークホルダーが明確か?	なし
ソリューション	✓競争環境を勘案して、ソリューションの強みを見出せるか? ✓ソリューションによる価値が明確か? ✓ソリューション価値の実現に必要なリソースやサービスの仮説（本番の事業化体制のイメージ）を検討しているか? ✓ソリューション実現の現状ステータスが明確か? ✓想定効果が出る理路が明確か?	✓自社が取り組むべきビジネス領域であるか? ✓自社がコミットする価値を検討しているか? ✓ソリューション成立の前提条件（法律的・社会的）を特定しているか?
デリバリー	✓想定するバリューチェーンの構造の概要が検討されているか? ✓投資／回収の計画を検討しているか?	なし
社会貢献	なし	✓将来ビジョンに顧客以外への社会的メリットが明確か?

《ゲート2》【図8―5】

ここでは顧客課題を深掘りし、顧客・マーケットの分類を行ない、ターゲットが明確となっているかが重要となる。また、関係するステークホルダー分析も行なわれている必要がある。

そのうえで、採用するソリューションが提供する価値の実現に必要となる社内・社外のリソースやサービスの仮説が描けているかが問われている。この段階では事業計画書前の目論見書レベルなので、どのような方向性で検討

図8-6　ゲート3の必須項目と推奨項目

ゲート3		
	必須項目	推奨項目
顧客課題	✓提案済みで、担当レベルで合意しているか? ✓重大な課題を定量化していて、その課題に対応するソリューションを特定しているか?	✓ Customer Segment 分析を実施しているか?
ソリューション	✓自社がコミットして提供する価値が明確か? ✓ソリューションの定量的効果が明確か? ✓ PoC/PoV で価値を実現するために必要なリソース・サービス体系が明確で、事業化実現の体系も検討しているか? ✓ソリューション実現に必要な技術がすべて研究開発レベルで実証されており、技術的前提条件（分析ロジック、データ、リソース）が明確か? ✓市場参入の障壁となり得る法律的前提条件のクリアの可能性が明確か? ✓ PoC/PoV で実現する効果の理路が明確か?	✓自社が取り組むべきビジネス領域であるか? ✓競合比較分析の結果、自社技術・ノウハウの差別化できる領域が検証できているか? ✓協業の目標・メリットと技術的・ビジネス的役割分担が明確か? ✓市場参入の障壁となり得る法律的前提条件のクリアの可能性が明確か?
デリバリー	✓想定するバリューチェーンの構造の概要が検討されているか? ✓投資／回収の計画を検討しているか?	✓市場攻略ロードマップが存在し、自社が取り組むべき規模の事業ということが明確か? ✓自社と顧客にとって魅力的な価格体系が設計されているか?
社会貢献	なし	✓社会課題を対応するストーリーが社会潮流・トレンドに沿って検証されているか?

しているのか、仮説レベルでも明確にする。

デリバリーとしては、投資／回収の計画の概要を確認しているが、この段階で精緻な数字を示すことは困難なことから概算レベルでの試算となり、目指す事業規模を把握することが重要となる。

《ゲート3》【図8―6】

ここでは、課題の重要性が定量レベルで精査されているかが重要となる。その結果、ソリューションの定量的効果が明確かが問われることになる。また、この段階ではソリューションが開発段階ではなく、必要な技術がすべて研究開発レベルで実証され、技術的前提条件となる分析ロジック、データ、リソースが明確になっていることが重要となる。また、必要に応じて市場参入の障壁となる法律的前提条件の有無を明確にし、条件がある場合は、そのクリアの可能性を明確にしておくことが重要だ。

ＰｏＣ／ＰｏＶについては、顧客との間で事前に検証の目的、結果を測定するＫＰＩを設定することが重要だ。ここを曖昧にすれば、ＰｏＣ／ＰｏＶを実施しても案件が先に進まない事態に陥りがちになる。投資／回収の計画については、複数のシナリオに基づいて売上規模とＲＯＩの概算が示されていることが重要となる。この段階で最も重要なのは事業性が本当にあるかの見極めとなる。

《ゲート4》【図8─7】

ここでは全般的にＰｏＣ／ＰｏＶの結果検証を踏まえた計画の見直しが実施されているかが重要となる。また、この段階ではビジネスモデルにおいて、どこでどのようにマネタイズするかが明確となり、魅力的な価格体系が設計されていることが重要となる。

最後に、これらの各ゲートの全体を俯瞰したものを【図8─8】に示しておく。

図8-7　ゲート4の必須項目と推奨項目

ゲート4		
	必須項目	推奨項目
顧客課題	✓正式導入への検討を進めているか? ✓想定効果が検証され、追加情報を踏まえて見直されたか? ✓PoC/PoV結果を踏まえてターゲット市場セグメントが見直され、可能性（規模・成長性）が検証されているか?	✓隣接領域横展開に向けて、ソリューション機能カスタマイズや前提条件を考慮した技術ロードマップが明確か?
ソリューション	✓PoC/PoV結果を踏まえて、自社が取り組むべきビジネス領域であるか? ✓自社がコミットして提供する価値が検証されたか? ✓競合分析とPoC/PoV結果を比較したら、自社技術・ノウハウの競争力が定量的に検証できたか? ✓PoC/PoVの結果により効果目標を満たしているか? ✓PoC/PoVの結果を踏まえて、事業化を実現するためのリソースやサービス体系が明確か? ✓顧客に約束した技術的アウトカムを実現できるMVPの構築が完了しているか? ✓商業化の障壁になり得る法規制リスクの対応策が明確か? ✓PoC/PoVの結果から想定効果実現の理路が検証できているか?	✓自社と協創パートナーとの技術的・ビジネス的役割分担が検証されたうえで協業内容が合意されているか? ✓商業化の障壁になり得る社会的課題の対策が明確か?
デリバリー	✓PoC/PoVの結果、バリューチェーンの構造が検証されているか? ✓担当レベルで協業を合意しているか? ✓PoC/PoVの結果を踏まえて、複数のシナリオの売上規模とROIの試算が精査されているか? ✓PoC/PoV結果を踏まえた、魅力的な価格体系が設計・見直されているか?	✓見直した市場攻略ロードマップから、自社が取り組むべき規模の事業ということが明確か? ✓市場環境の変化を踏まえたMVPのバージョンアップ、ビジネスモデル改変を検討しているか? ✓複数の顧客ニーズや、コスト変動要因を考慮した見積もりモデルを検討しているか?
社会貢献	なし	✓社会課題を対応するストーリーが社会潮流・トレンドに沿って検証されているか?

図8-8 ステージとゲートの全体像

ステージ1	ゲート1	ステージ2	ゲート2	ステージ3	ゲート3	ステージ4	ゲート4	ステージ5
アイデア創出	→	目論見作成	→	事業計画作成	→	商業化計画作成（PoC／PoV実施）	→	サービス構築

	必須項目	必須項目	必須項目	必須項目
顧客課題	・顧客課題は明確か？	・顧客と会話しているか？ ・顧客課題は明確か？	・顧客と合意しているか？ ・顧客課題を定量化しているか？	・顧客と合意しているか？ ・定量的効果は検証されているか？ ・売り込むべきセグメントの特定は？
ソリューション	・提供価値は明確か？ ・効果実現の理路が明確か?	・提供価値は明確か？ ・効果実現の理路が明確か? ・実現性を検討しているか？	・アウトカムにコミットしているか？ ・提供価値を定量化しているか？ ・効果実現の理路が明確か? ・実現性を精査しているか？	・戦略と合致しているか？ ・提供価値・競争力検証しているか？ ・実現性を検証しているか? ・MVPは構築できているか？
デリバリー	—	・投資回収を検討しているか？	・バリューチェーンは明確か？ ・投資回収計画を策定しているか？	・商業化計画は策定されているか？ ・投資回収計画・価格モデルは策定されているか？
社会貢献	—	—	—	—

次のステージに進むべきか？　評価理路の根拠は十分か？

YES → **次のステージに進む**

NO → **ストップ／一時停止 OR レビュー／再評価**

8-5

デジタルソリューション創出のポイント

失敗リスクをいかに減らすか

ここまで、日立製作所のデジタルソリューションである社会イノベーション事業のつくり方を、ユーザー企業においてもデジタルソリューションをつくり出すのに有益と思われる。必要な評価視点と、ステージゲートに基づく評価項目という観点から説明を行なってきた。

重要なポイントは、顧客が十分な対価を払ってもいいと考える課題にフォーカスし、その課題を解決するための理路を吟味し、その理路を実現するためのソリューションの競争力を見極めることである。したがって、これらを検討するステージ1の「アイデア創出」がかなり重要な位置づけとなるものの、ここにあまり時間をかけるのは望ましくない。

デジタルソリューションはアイデア勝負の側面が大きく、いかにすばやくマーケットにローンチし、先行者利益を刈り取れるかが事業の行く末を左右する。ゲート1段階でのアイデアは仮説で構わない。スピードを落とさないために、ゲートを進めながら必要に応じてアイデアを見直す割り切りも重要になる。

もうひとつの重要なポイントは、ステージゲートに基づくゲート審議を行なう際は、事業検討チームとマネジメントだけでなく、ビジネスおよびソリューションに関する深い見識を持ったメンバーを含めておくことだ。もちろん、マネジメントがビジネス、ソリューションの両面で深い見識があればこのメンバーは不要だが、現実的には必ずしもその両面を兼ね備えているとはいえないこともあるだろう。

業務に対する深い見識に基づいて、ビジネス面の課題や解決の理路の妥当性の判断ができるメンバーは事業検討チーム内に含まれているはずだが、第三者的な視点から思いがけない気づきが得られることも少なくない。ゲート審議体制を整備する際には、第三者的な視点を取り入れる配慮も必要だ。

繰り返しとなるが、これらのポイントはプロジェクトの失敗リスクをいかに低減させるかにフォーカスしたものだ。また、限られたリソースを有効に活用するための手立てでもあるので、時に玉石混交の〝石〟になったプロジェクトをやめるという思い切った判断も必要になる。従来的な日系企業では難しい判断かもしれないが、ステージゲートに基づき、どこに問題があるかを見極め、ＰＤＣＡを回した結果、最終的な改善が難しいという結論を導き出せれば、たとえ、プロジェクトを中止する判断に至ったとしても、事業検討チーム内の納得感も得られやすいはずである。

【本章の用語解説】

＊1　ＰｏＶ……ある製品や技術、仕組みなどが、企業の業務や事業に導入する価値があるかどうかを検証する価値実証（Proof of Value）のこと。ＰｏＣが「実現可能か」にフォーカスするのに対し、ＰｏＶは「ビジネス上の意義があるか」に注目する。

第9章

デジタル時代のバリューチェーン実現に向けて

9-1

デジタル時代が可能にしたバリューチェーンに対する新しい取り組み

デジタル時代のバリューチェーンの姿

デジタルを駆使することにより、「企業間バリューチェーン統合企画・検証」という新しい業務を実施することが可能となってきている。従来は、サプライヤー・設計・調達・生産・物流・販売・サービス・顧客といった各企業・業務単位のパフォーマンス向上が重要視され、各企業・業務単位にＰＤＣＡサイクルが実施されていた。ここでは企業間・業務間の相互干渉を解き明かせず、各企業・業務単位で最適解を求められたとしても、あちこちにチグハグなトレードオフを誘発し、バリューチェーン全体での最適解を導くことは難しかった。各企業・業務単位がパフォーマンスを向上しようと努力するほど、全体のパフォーマンスは低下するという皮肉な事態が発生していた。

これに対し、デジタルを駆使することで企業間・業務間でどのような相互干渉が発生しているのかを数値化できるようになった。これにより、バリューチェーン全体を最適化するための打ち手を導き出し、ＲＯＩ[1]の事前検証が可能になる。事前検証済みの最適解をフィ

図 9-1 企業間バリューチェーン統合企画・検証

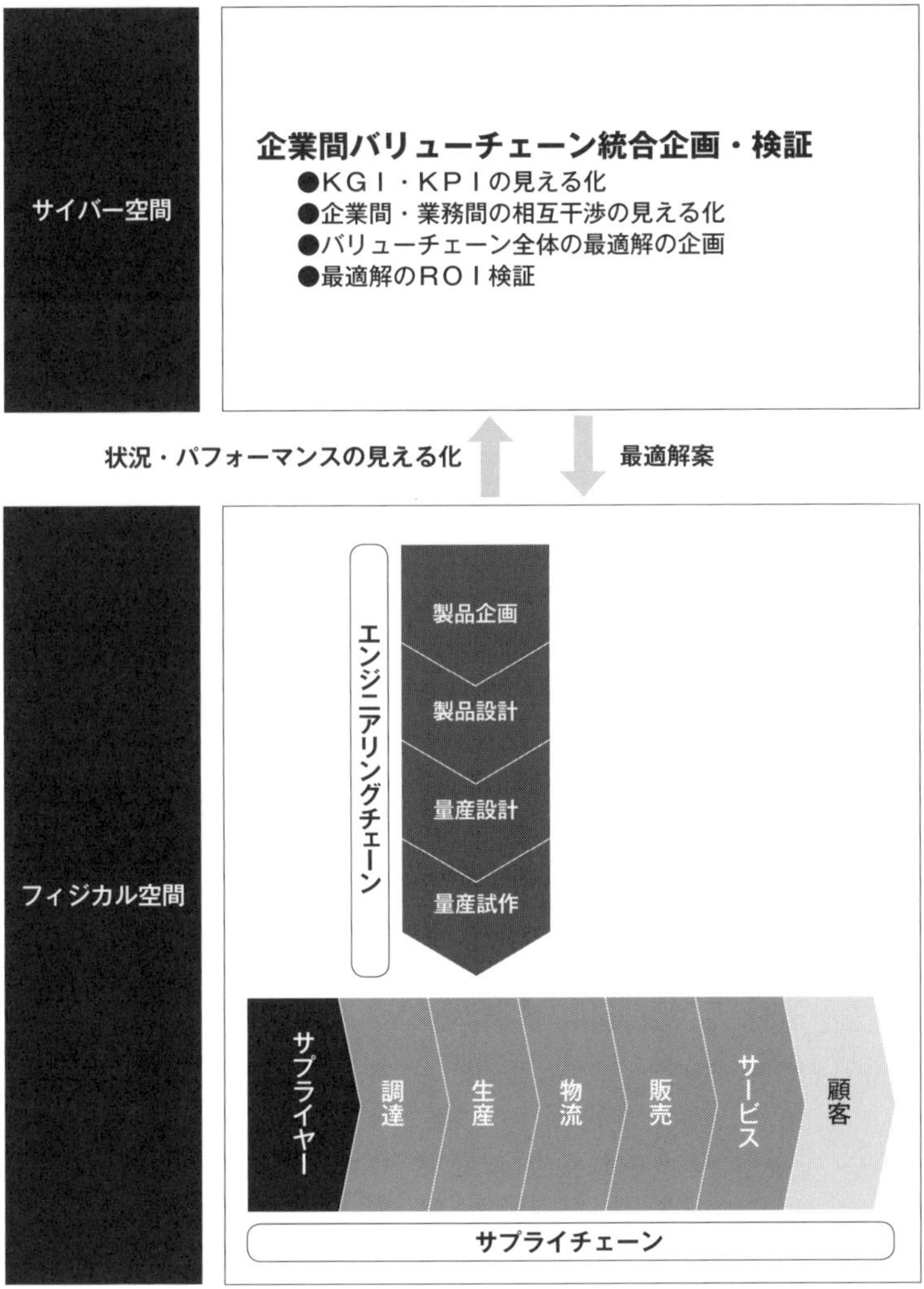

図9-2 デジタルを駆使したバリューチェーン最適化の前提条件

①企業間・業務間の相互干渉の解き明かし

②企業間バリューチェーン統合企画・検証に重要な見える化・取得データスペックの吟味

③デジタルの限界能力の理解とデジタル活用のための運用設計の吟味

④バリューチェーン最適化に自律できる組織設計

⑤関係する企業が一丸となったバリューチェーン最適化への高い志の醸成

ジカルの業務に実装させ、デジタル上でその効果を実証していくのだ【図9−1】。

デジタルを駆使したバリューチェーン最適化を実現するためのポイント

デジタル化は、バリューチェーン最適化に直結するものではない。いくつかの重要な前提条件を整備することが実現のポイントになる【図9−2】。

①企業間・業務間の相互干渉の解き明かし

各企業・業務部門は、それぞれの組織目標に応じたKPIを課せられ、その達成に向けてオペレーションを実施する。【図9−3】で示すように、このKPI自体がバリューチェーン全体のチグハグを発生させ、相互干渉を誘発する構造になっている。この構造を正しく理解しないままデジタル化を図っても最適解は決して導けない。各企業・業務部門のKP

Iと相互干渉の関係を明らかにし、それぞれのKPIの達成を図りながら、同時に全体の最適解を図る連立方程式を解くことが必要になる。

ただし、各企業・業務部門のKPIの達成がバリューチェーン全体の最適解とは必ずしもならないケースが発生する。そのようなケースでは、企業間・業務間の相互干渉をデジタル上で解き明かし、バリューチェーン全体の総和を最大にするために、KPIの達成を妥協すべき箇所を明らかにする必要がある。加えて、それが最適解であることの意思決定と各業務部門へのオーソライズを促すトップマネジメントが欠かせない。

図9-3 企業間・業務間の相互干渉（例）

サプライヤー	生産効率の低下・製品在庫の保有	⇔	メーカー	ジャスト・イン・タイム納品要求
設計	洗練された製品デザイン	⇔	物流	パレタイズ・梱包効率の低下
調達	ロット調達による調達費の低減	⇔	物流	部品在庫の増加
生産	ロット生産による製造原価の低減	⇔	物流	製品在庫の増加
物流	製品在庫の増加	⇔	販売	欠品の抑止
メーカー	物流費の増加	⇔	顧客	多品種少量での時間指定納品要求

②企業間バリューチェーン統合企画・検証に重要な見える化・取得データスペックの吟味

膨大なデータの見える化は目的を見失う。企業間バリューチェーン最適化に向けて、特に重要度の高いデータに見える化のターゲットを重点化したうえで、必要となる取得データのスペックを吟味する。この際に重要となる視点が、【①企業間・業務間の相互干渉の解き明かし】に示すように、「企業間・業務間の相互干渉をデジタル上で解き明かす」ことである。これが企業間バリューチェーン全体を最適化するためのクリティカルパスとなっており、かつ見える化の重要度が最も高い対象となる。見える化の重点をこのクリティカルパスに置き、より少数のシンプルなKPIによってバリューチェーン全体のコントロールを実施できる構造をつくり上げることが重要となるのだ。

バリューチェーン全体に悪影響を及ぼすクリティカルパスは、いくつかにフォーカスされるはずである。これを的確に見つけ出すために、企業間・業務間の相互干渉を解き明かすことがまず重要となる。

③デジタルの限界能力の理解とデジタル活用のための運用設計の吟味

現在のデジタル技術は、各業務部門の熟練者の能力にまで至っていないものが多い。その理解が不足したままデジタル技術に過度な期待をしても運用に破綻を来す。導入を検討しているデジタル技術の限界を正しく理解して運用設計する。

たとえば、物流センターの自動化技術となるロボティクスの多くは、一定の生産性・業務品質を維持できるメリットはあるが、現時点ではオペレーターと同等の生産性は発揮できないものが多い。かつ所定の能力を超過した量は捌《さば》くことができない。

現在、オペレーターによる8時間稼働の物流センターであれば、24時間稼働でロボティクスを運営できるよう、顧客からの受注・納品条件の再設定、運用の環境整備、運用タイムチャートの再設計を実施するとともに、物量のピーク時にはロボティクスの能力超過分の物量をオペレーターがリカバリーできるように運用設計することが必須だ。デジタル技術を活用できるようにするには、そのための運用設計が欠かせない。

④バリューチェーン最適化に自律できる組織設計

前述のように、各企業・業務部門のKPIの達成は必ずしもバリューチェーン全体の最適解にはならない。その最適解を導くためには、【図9-4】に示すように、各企業・業務部門のKPI自体をバリューチェーン最適化に自律的に向かうように再設計する必要がある。従来は、AsIsに示すように、各業務部門に課せられた責任・KPIを達成しようとするほど、バリューチェーン全体は連動しない方向に動く構造となっていた。これに

図9-4　バリューチェーン最適化に自律できる組織設計

AsIs

	生産部門	SCM部門	営業部門
機能分担	・生産計画、生産	・供給計画、供給	・販売計画、販売
責任分担 組織KPI	・工場ライン稼働率	・在庫日数 ・欠品率 ・物流コスト	・売上高予算
	●稼働率を維持するために生産側の都合のいい順番でまとめ生産する	●販売計画を信用しない ●独自の判断で供給計画を立案する	●欠品を回避するために多めの販売計画を立案する ●突発的な供給依頼を行なう

各部門が課せられた責任を達成しようとするほど、
バリューチェーンは連動しない方向に動く

バリューチェーン全体が自律的に連動するように組織の責任分担から再設計する

ToBe

		生産部門	SCM部門	営業部門
機能分担		・生産計画、生産	・供給計画、供給	・販売計画、販売
責任分担 組織KPI	売上			・売上高予算
	在庫	・生産依頼遵守率 ⇔	・在庫日数・欠品率 ・工場ライン稼働率 ⇔	・アイテム別販売計画達成率
	収益	・（稼働率を前提とした）加工費低減額	・物流コスト	・貢献利益目標達成率
パフォーマンスマネジメント		・KPIの監視と改善を促進させるためのPDCAマネジメントの運営（怒られる、褒められる場）		

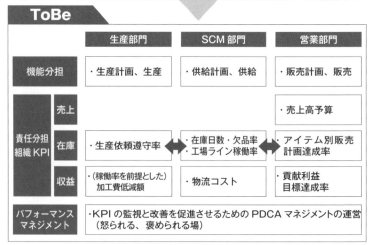

対して、ToBeに示すように、バリューチェーン全体が自律的に連動するように責任分担・KPIを再設計する。いい換えれば、企業・業務部門間がバリューチェーン全体の最適化に寄与する責任を持つ状態をつくり上げるということだ。デジタルはあくまでこれを促進する位置づけのものであり、デジタル自体がバリューチェーン全体の最適化を達成するものではない。

⑤関係する企業が一丸となったバリューチェーン最適化への高い志の醸成

これまで述べたように、バリューチェーン最適化に向けたハードルは険しい。各企業・業務部門が自部門のKPI達成に向けて個別最適を指向している限りは、バリューチェーンの最適化は決して達成されない。個別最適の和が全体最適にイコールとはならないからだ。

まず大前提として、各企業・業務部門間で全体最適のベクトルに向かう高い志を有することだ。コーポレートビジョンを受け、バリューチェーン最適化に向けて企業間・業務部門間が一丸となり、不退転の覚悟でこの達成に取り組む意識改革が大前提として必須となる。バリューチェーン最適化に取り組んでいる企業は、この高い志を有している。

必要となる。

デジタル時代のバリューチェーンに向けたアプローチ

以上のような実現のポイントを踏まえ、【図9−5】に示すように、バリューチェーン最適化に向けた険しいハードルを一つひとつ着実にクリアしていけるアプローチの設計が必要となる。

①ゴールの醸成：WHY&WHAT（何のために何を達成するか？）

まず、大前提として必要となるのは、達成したいビジョンを明らかにするフェーズである。達成したいビジョンとは、「ありたい姿」であり、企業間バリューチェーンとしての意志である。このため、ビジョンを明らかにすること自体は難しいものではないが、ここでは前述したように、このフェーズの過程で、関係する企業が一丸となったバリューチェーン最適化への高い志を醸成することが重要となる。高い志の醸成とは、ビジョンへの強い思いを持つトップマネジメント、ミドルマネジメントがその強い思いとその必要性を全社に訴え続けることにほかならない。この思いのオーソライズにより、企業・業務部門間でのベクトルの統一が図られる。この醸成のないままに次フェーズに進行をすると、進行するほどに各企業・業務部門の個別最適が先鋭化し、総論賛成・各論反対を招き、バリューチェーン全体の最適化構想が空中分解を招くことになる。

②全体構想と展開ロードマップの策定：HOW TO（どうゴールに着地させるか？）

企業間・業務部門間でのベクトルの統一のうえで初めて進められる次のフェーズは、ビジョン達成に向けた課題・課題実現方法を具体化するフェーズである。ここではその過程で、前述のように以下のポイントに留意しながら全体構想を明らかにし、段階的に一つひとつのハードルを乗り越えられる展開ロードマップを描くことが重要となる。

- 企業間・業務間の相互干渉の解き明かし
- 企業間バリューチェーン統合企画・検証に重要となる見える化・取得データスペックの吟味
- デジタルの限界能力の理解とデジタル活用のための運用設計の吟味
- バリューチェーン最適化に自律できる組織設計

③バリューチェーン最適化の実装：SETTLE（どう実装させていくか？）

バリューチェーン全体の最適化のハードルは険しい。段階的に一つひとつのハードルを乗り越えられるシナリオを構築し、これを展開ロードマップとして実装することが重要となる。ある企業では、【図9-6】のようなシナリオを構築した。

《As Is》

この企業は見込み生産型の製造業であるが、生産のつどジャスト・イン・タイムに必要な部品を調達し、製品在庫をつくり込むスタイルを採用していた。生産部門は生産効率を維持するために、まとめ生産を行ない、またキャッシュフローを抑えるために部品在庫を保有したくなかった。この結果、生産部門の効率・キャッシュフローにはパフォーマンスが出ていても製品在庫は増加し、かつ同時に顧客の注文には欠品を招くという経営課題があった。

《改革STEP1》

ゴールとして、企業間でのトータル在庫ミニマム、欠品ミニマムというビジョンを見据えながら、まず改革ＳＴＥＰ１として、部品在庫を常備することにより、見かけ上の生産リードタイムを短縮させ、製品在庫の削減、需要への変化即応力を向上させる対策を採用した。この段階で部品在庫の常備により部品在庫単体は増加するが、製品在庫の削減によりトータル在庫は削減かつ見かけ上の生産リードタイムの短縮により、需要への変化即応力が向上という効果が発揮されている。この効果の発生状況をデジタルにより見える化・

図9-5 デジタル時代のバリューチェーンに向けたアプローチ

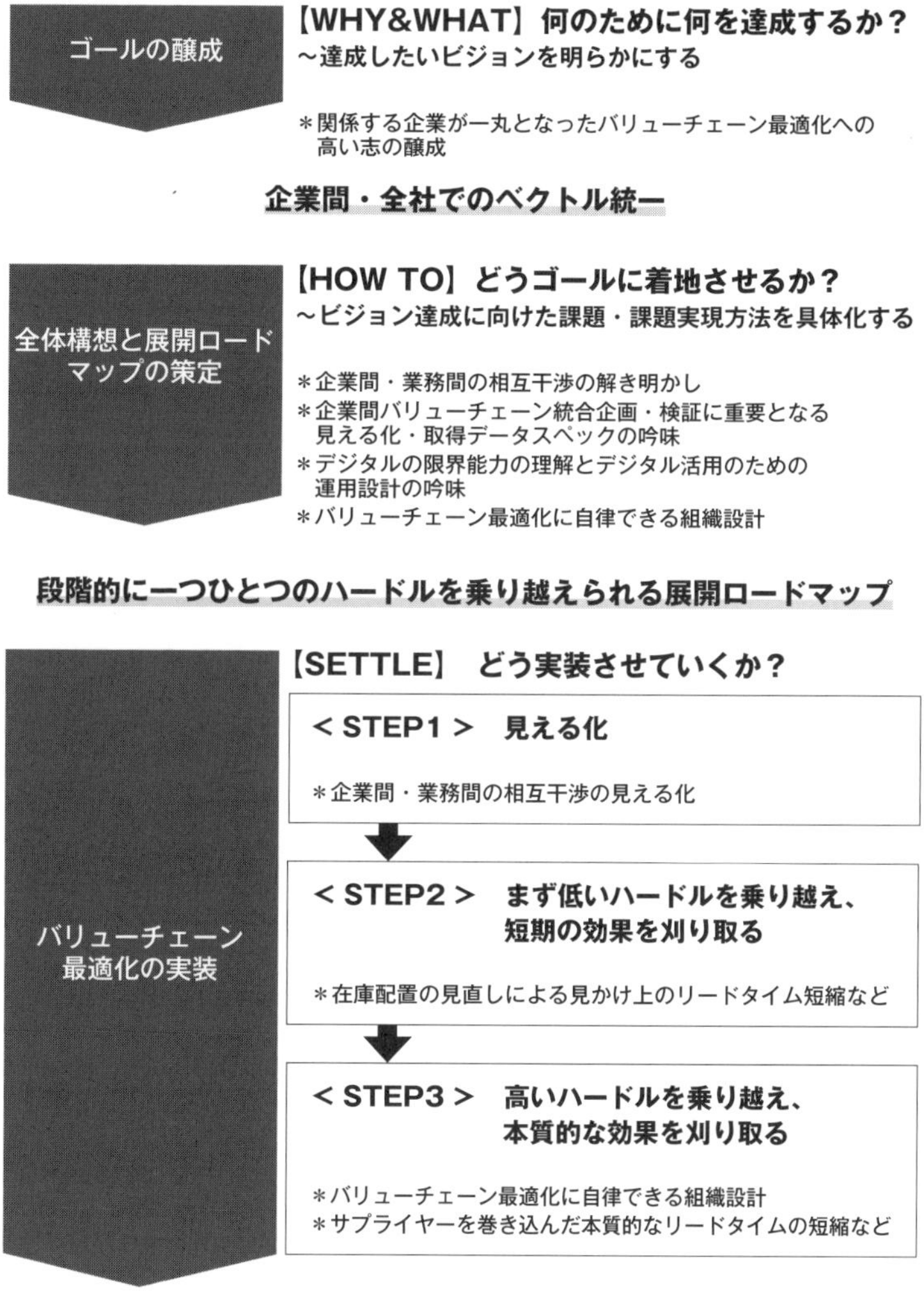
ゴールの醸成
【WHY&WHAT】何のために何を達成するか？
～達成したいビジョンを明らかにする
＊関係する企業が一丸となったバリューチェーン最適化への高い志の醸成
企業間・全社でのベクトル統一
全体構想と展開ロードマップの策定
【HOW TO】どうゴールに着地させるか？
～ビジョン達成に向けた課題・課題実現方法を具体化する
＊企業間・業務間の相互干渉の解き明かし
＊企業間バリューチェーン統合企画・検証に重要となる見える化・取得データスペックの吟味
＊デジタルの限界能力の理解とデジタル活用のための運用設計の吟味
＊バリューチェーン最適化に自律できる組織設計
段階的に一つひとつのハードルを乗り越えられる展開ロードマップ
バリューチェーン最適化の実装
【SETTLE】どう実装させていくか？
＜STEP1＞ 見える化
＊企業間・業務間の相互干渉の見える化
＜STEP2＞ まず低いハードルを乗り越え、短期の効果を刈り取る
＊在庫配置の見直しによる見かけ上のリードタイム短縮など
＜STEP3＞ 高いハードルを乗り越え、本質的な効果を刈り取る
＊バリューチェーン最適化に自律できる組織設計
＊サプライヤーを巻き込んだ本質的なリードタイムの短縮など

図 9-6 展開ロードマップ（例）

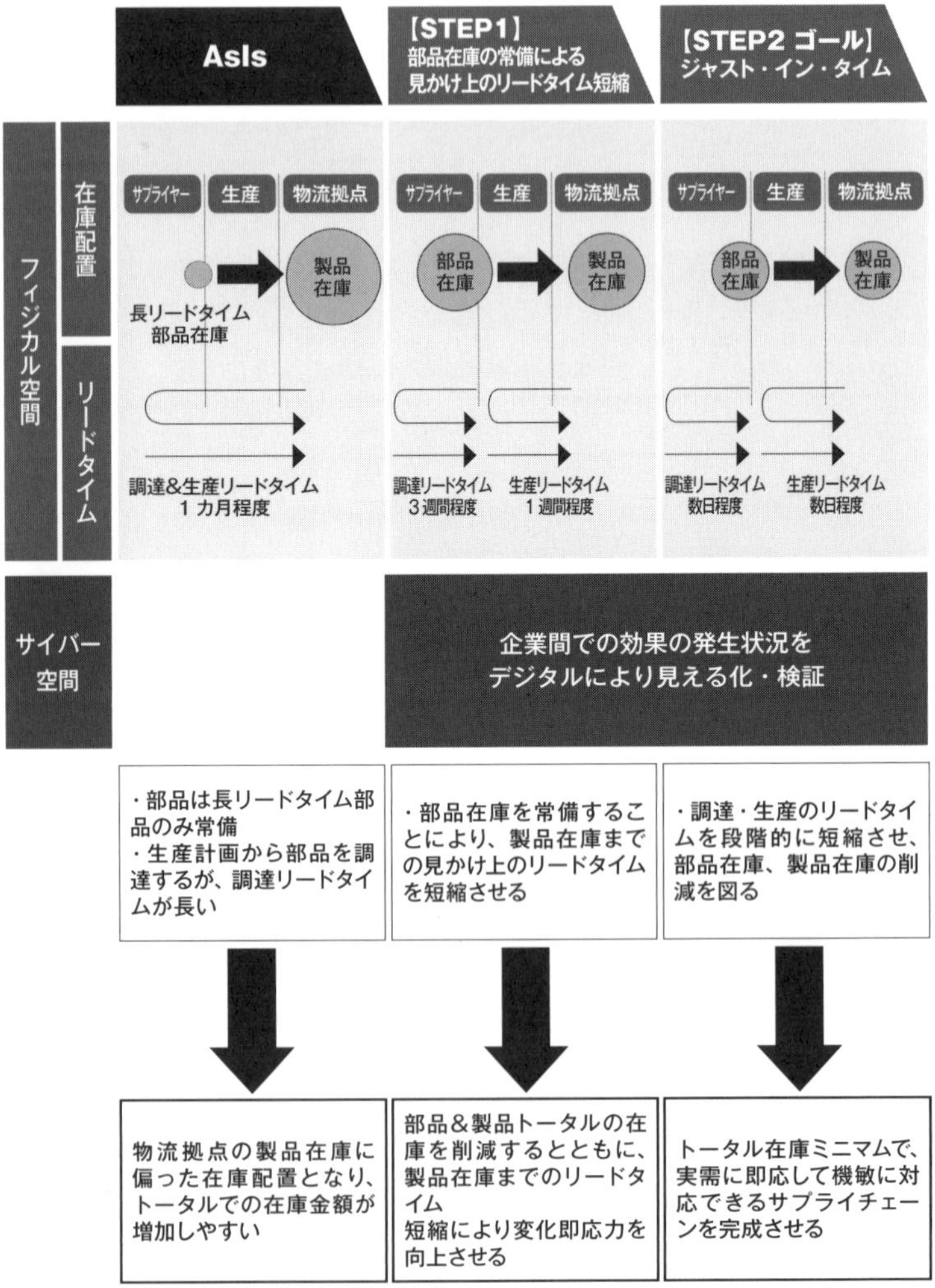

検証をしながら、まず短期での経営効果の獲得を図った。

《改革STEP2（ゴール）》

ＳＴＥＰ１の実行に並行して腰を据えて中期に取り組んだ改革は、サプライヤーを巻き込んだ企業間での調達リードタイムの短縮、自社の生産リードタイムの短縮という本質的な改革である。リードタイムの短縮は、各サプライヤーの生産・物流プロセスに踏み込んだ改革、また自社のモノづくりの仕方に踏み込んだ改革となり、短期には効果が発揮されないため、ＳＴＥＰ１で短期に実行できる見かけ上のリードタイム短縮にまず取り組み、短期の経営効果獲得を図る。

ここでは、各々のリードタイム短縮活動を要素分解して一つひとつ進めながら、デジタルによりその効果を検証し、地道に効果を拡大させていく取り組みを進めている。これにより企業間でのトータル在庫の削減、さらなる需要への変化に対する即応力の向上の獲得を進めている。

これを下支えするのが、デジタルによる企業間バリューチェーンの「見える化」である。デジタル化はバリューチェーン全体の最適化に直結するものではなく、前述したいくつかの重要な前提条件を整備し、そのうえでバリューチェーン改革を推進する展開ロードマップを下支えする重要パーツである。この位置づけを十分に理解し、デジタル化に過度な期待をかけずに課題の本質を見極め、バリューチェーン最適化に向けた険しいハードルを一つひとつ着実にクリアしていけるアプローチを組み立てることが重要となるのだ。

9-2

企業間バリューチェーンのさらなる最適化に向けた提言

企業間の相互干渉を発生させない変革のカギになるのが「デジタル化」

今後、デジタル化の駆使により、企業間バリューチェーンの最適化が促進され、企業間での競争力がさらに強化されていくことになるだろう。このためには、まず企業内バリューチェーンの最適化を実現させ、そのうえで企業間バリューチェーンの最適化に最適化範囲を拡大していくことが必要となる。

これまで述べてきたように、一部の先進企業ではデジタル化を駆使した企業間バリューチェーンの最適化に着手しつつある。しかし、効果の発揮はまだまだ限定的である。企業間バリューチェーンの最適化を阻む最大の障壁は、【図9-3】に示すように、企業ごとに課せられているKPIによる企業間の相互干渉である。相互干渉が発生するままに、デジタル化を図っても企業間バリューチェーンは決して最適化されない。この解決策は、相互干渉を発生させない高度な業務に変革を行なうことにほかならない。

【図9-7】に示すように、メーカーはキャッシュフローを最大化するために、サプライヤーにジャスト・イン・タイム納品を要求する。一方、サプライヤーは生産・輸送効率を最大化するために、まとめ生産・まとめ輸送を行なう。ここに相互干渉が発生し、企業間バリューチェーンには無駄なキャッシュ・コストが発生する。

相互干渉を発生させる要因は次の2点である。

・サプライヤーがまとめ生産をしなければ生産効率を維持できない生産方法・段取り替え方法

・まとめ輸送をしなければ輸送効率を維持できない輸送ルート設計

これに対し、相互干渉を解消させることにより企業間バリューチェーンを最適化させ、企業間全体でキャッシュフロー最大化・コストミニマムを達成するためには、「デジタル技術を駆使した取り組み」、「業務の変革による取り組み」の両面から高度な業務に変革を行なうことが必要となる。

これらの実現により、企業間での相互干渉は極小化され、初めて企業間バリューチェーンの最適化を図ることができるようになるのだ。

企業間バリューチェーンのさらなる最適化を実現するためには、次のような取り組みを行なっていく必要があるだろう。

図 9-7　企業間バリューチェーン最適化に向けた取り組み（例）

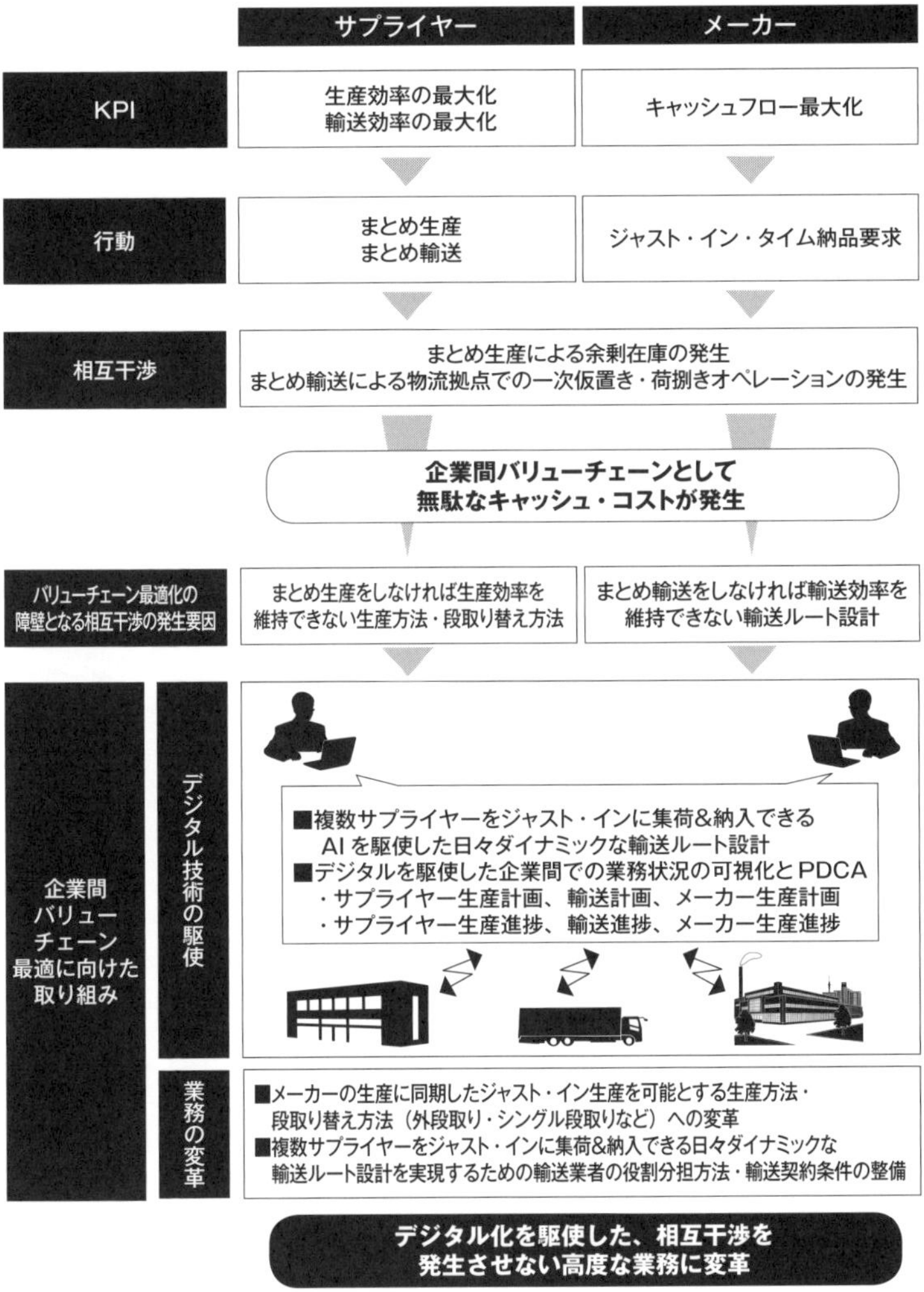
サプライヤー
メーカー
KPI
生産効率の最大化
輸送効率の最大化
キャッシュフロー最大化
行動
まとめ生産
まとめ輸送
ジャスト・イン・タイム納品要求
相互干渉
まとめ生産による余剰在庫の発生
まとめ輸送による物流拠点での一次仮置き・荷捌きオペレーションの発生
企業間バリューチェーンとして
無駄なキャッシュ・コストが発生
バリューチェーン最適化の
障壁となる相互干渉の発生要因
まとめ生産をしなければ生産効率を
維持できない生産方法・段取り替え方法
まとめ輸送をしなければ輸送効率を
維持できない輸送ルート設計
企業間
バリュー
チェーン
最適に向けた
取り組み
デジタル技術の駆使
■複数サプライヤーをジャスト・インに集荷&納入できる
AI を駆使した日々ダイナミックな輸送ルート設計
■デジタルを駆使した企業間での業務状況の可視化とPDCA
・サプライヤー生産計画、輸送計画、メーカー生産計画
・サプライヤー生産進捗、輸送進捗、メーカー生産進捗
業務の変革
■メーカーの生産に同期したジャスト・イン生産を可能とする生産方法・
段取り替え方法（外段取り・シングル段取りなど）への変革
■複数サプライヤーをジャスト・インに集荷&納入できる日々ダイナミックな
輸送ルート設計を実現するための輸送業者の役割分担方法・輸送契約条件の整備
デジタル化を駆使した、相互干渉を
発生させない高度な業務に変革

①企業間で発生している相互干渉の実態を解き明かし、バリューチェーン最適化の障壁となる相互干渉とその発生要因を明らかにする

②相互干渉の発生要因を解消させるために高度な業務に変革すべき内容を明らかにする

1、デジタル技術を駆使した変革

・IoT、アナリティクス、AI、ロボティクスなどの最新のデジタル技術をウォッチングする

・相互干渉の発生要因の解消に役立つデジタル技術の適用を図る

2、デジタル技術の適用に合わせて業務を変革すべき内容を明らかにする

③企業間バリューチェーンの最適化の動向をウォッチングし、リファレンスする

代表的なリファレンス先として、以下のようなフォーラムがあるため参考にされたい。

・インダストリアル・バリューチェーン・イニシアティブ（https://www.iv-i.org/）

ものづくりとITが融合した新しい社会をデザインし、あるべき方向に向かわせ

るための活動において、それぞれの企業のそれぞれの現場が、それぞれの立場で等しくイニシアティブをとるためのフォーラム

・バリューチェーンプロセス協議会（VCPC）（http://vcpc.org/）

企業内および企業間のバリューチェーンを「プロセス志向」で改革することを目指す有志が集まって一緒に活動するNPO

企業間バリューチェーンのさらなる最適化のためには、これらに果敢に取り組み、企業間に相互干渉を発生させない高度な業務に変革を行なっていく必要がある。これを下支えするキー技術が「デジタル化」なのだ。

【本章の用語解説】

＊1　ROI……「Return on Investment」の略で、投資した資本に対し、どれだけ利益を生み出せるかを示す比率のこと。ROIが高いほど投資効率が高いことを表す。

【第７章】磯部幸輝（いそべ・ゆきてる）
産業コンサルティング本部 マネージャー。国内大手SIベンダーを経て、2009年に日立コンサルティングに入社。産業・流通業を中心にインフラ構築プロジェクトのPMO支援から、ITガバナンス関連の制度設計・定着化プロジェクトなど、ITによる幅広い改革プロジェクトに多数従事。近年は、企業のデジタル化推進に向けた組織／人材改革プロジェクトを多く担当。

【第８章】久野俊一（ひさの・しゅんいち）
産業コンサルティング本部 シニアマネージャー。外資系大手コンサルティング会社2社でプロジェクトマネージャー、SCMサブジェクト・マター・エキスパートとして活動したのち、2010年に日立コンサルティング入社。SCM計画領域のエキスパートとして、数々のグローバル製造業の改革支援コンサルをプロジェクトマネージャーとして担当。近年はスマートファクトリーなど、IoT構想策定に日立社内外で参画。

【第９章】佐藤隆夫（さとう・たかお）
産業コンサルティング本部 ディレクター。日立製作所 ビジネスソリューション事業部門入社、2006年より日立コンサルティング。日立製作所に入社以来、製造業・流通業のクライアント向けにサプライチェーンマネジメント、ロジスティクス、生産管理を中心とした業務改革、システム化計画、新業務定着化コンサルティングに従事。サプライチェーンコンサルティング領域責任者。

執筆陣一覧

【はじめに、第１章】島田洋二（しまだ・ようじ）
産業コンサルティング本部 シニアディレクター。シンクタンク、外資系コンサルティング会社にて、業務改革、システム化計画などを担当。その後、4年間大手電機メーカーにて新規事業の企画・推進に従事。2006年より日立コンサルティングにて、IT/事業戦略、業務改革、環境戦略などのプロジェクト責任者を担当。2016年より、産業領域のIoT/アナリティクス関連サービスの責任者。

【第２章】福永竜太（ふくなが・りゅうた）
産業コンサルティング本部 シニアマネージャー。日立製作所 ビジネスソリューション事業部門入社、2006年より日立コンサルティング。日立製作所に入社以来、製造業/流通業のクライアント向けに、販売・生産・サプライチェーン領域を中心とした業務改革、システム化計画コンサルティングに従事。近年は、業務改革に関わるコンサルティング手法の開発やその普及・人材育成にも従事。

【第３章】中村雄一（なかむら・ゆういち）
産業コンサルティング本部 シニアマネージャー。日立製作所 ビジネスソリューション事業部門入社、2006年より日立コンサルティング。日立製作所に入社以来、製造業／流通業を対象に、SCM、ロジスティクス、生産管理の領域を中心とした業務改革、システム化計画、新業務システム定着化コンサルティングに従事。

【第４章】佐藤治彦（さとう・はるひこ）
産業コンサルティング本部 マネージャー。大手インフラ企業を経て、2012年に日立コンサルティングに入社。主に製造業・流通業のクライアント向けに、営業業務を中心とした業務改革のコンサルティングに従事。近年は、IoTを活用した新業務・新サービスの構想策定・業務設計に関するコンサルティングやIoT活用状況の評価を実施。

【第５章】熊本祥明（くまもと・よしあき）
産業コンサルティング本部 シニアマネージャー。ITベンダーを経て、2008年に日立コンサルティングに入社。製造・流通・サービス業を中心とした幅広い業界に対して、業務改革や情報化戦略立案、ITガバナンス構築、PMO支援に従事。近年はRPAをはじめとする先端テクノロジーを活用した業務改革を担当し、多数の企業に対してRPAの導入・定着化を推進。

【第６章】馬場隆夫（ばば・たかお）
産業コンサルティング本部 シニアマネージャー。2008年に日立コンサルティングに入社後、製造業の顧客向けに業務改革支援を多数実施。近年はIoT・アナリティクスを得意領域として製品出荷後のアフターサービス領域における業務改革を中心としたコンサルティングに従事。

【参考文献】
・栗原聡・長井隆行・小泉憲裕・内海彰・坂本真樹・久野美和子『人工知能と社会——2025年の未来予想』オーム社, 2017年
・坂本俊之『人工知能システムを外注する前に読む本——ディープラーニングビジネスのすべて』シーアンドアール研究所, 2017年
・ベイカレントコンサルティング『デジタルトランスフォーメーションの実際』日経BP社, 2017年
・経済産業省, 産業構造審議会情報経済分科会 人材育成WG報告書, 2012年
・NTTデータ経営研究所, ビッグデータ時代における実践的ICT人材の育成方策に係る調査等報告書（概要版）, 2014年
・瀧下芳彦・村上勝彦・関邦生・森下一成, ICTが支える建設機械のライフサイクルサポート, 日立評論第94巻第5号 P26-P29, 日立評論社, 2012年

株式会社 日立コンサルティング

所在地	〒102-0083　東京都千代田区麹町二丁目4番地1 麹町大通りビル11階
事業内容	日立コンサルティングは、日立製作所100%出資のコンサルティング会社で、事業企画、業務改革、IT改革を事業領域とし、社会インフラやITの実現手段を提供する日立グループの企業と連携して、実行・定着化・効果創出にこだわったコンサルティングを行なっている。
連絡先	http://www.hitachiconsulting.co.jp/

産業コンサルティング本部

サービス内容	産業コンサルティング本部は、日立グループの企業や、製造、流通、交通、通信などの業種の顧客を対象に、デジタル技術を活用した企業変革の支援を行なっている。

成功する「デジタル化」戦略
――「ユースケース」を使えば、悩まず、ムダなく、すばやく推進できる

2018年11月14日　第1刷発行

編著者――島田洋二／佐藤隆夫
編集協力―有限会社バウンド　清水友樹
発行所――ダイヤモンド社
〒150-8409　東京都渋谷区神宮前6-12-17
http://www.diamond.co.jp/
電話／03·5778·7235（編集）　03·5778·7240（販売）
装丁――――藤塚尚子
製作進行――ダイヤモンド・グラフィック社
印刷・製本―勇進印刷
編集担当――久我 茂

ISBN 978-4-478-10573-3